は　し　が　き

　平成 30 年 3 月に告示された高等学校学習指導要領が，令和 4 年度から年次進行で本格的に実施されます。

　今回の学習指導要領では，各教科等の目標及び内容が，育成を目指す資質・能力の三つの柱（「知識及び技能」，「思考力，判断力，表現力等」，「学びに向かう力，人間性等」）に沿って再整理され，各教科等でどのような資質・能力の育成を目指すのかが明確化されました。これにより，教師が「子供たちにどのような力が身に付いたか」という学習の成果を的確に捉え，主体的・対話的で深い学びの視点からの授業改善を図る，いわゆる「指導と評価の一体化」が実現されやすくなることが期待されます。

　また，子供たちや学校，地域の実態を適切に把握した上で教育課程を編成し，学校全体で教育活動の質の向上を図る「カリキュラム・マネジメント」についても明文化されました。カリキュラム・マネジメントの一側面として，「教育課程の実施状況を評価してその改善を図っていくこと」がありますが，このためには，教育課程を編成・実施し，学習評価を行い，学習評価を基に教育課程の改善・充実を図るというPDCAサイクルを確立することが重要です。このことも，まさに「指導と評価の一体化」のための取組と言えます。

　このように，「指導と評価の一体化」の必要性は，今回の学習指導要領において，より一層明確なものとなりました。そこで，国立教育政策研究所教育課程研究センターでは，「幼稚園，小学校，中学校，高等学校及び特別支援学校の学習指導要領等の改善及び必要な方策等について（答申）」（平成 28 年 12 月 21 日中央教育審議会）をはじめ，「児童生徒の学習評価の在り方について（報告）」（平成 31 年 1 月 21 日中央教育審議会初等中等教育分科会教育課程部会）や「小学校，中学校，高等学校及び特別支援学校等における児童生徒の学習評価及び指導要録の改善等について」（平成 31 年 3 月 29 日付初等中等教育局長通知）を踏まえ，令和 2 年 3 月に公表した小・中学校版に続き，高等学校版の「『指導と評価の一体化』のための学習評価に関する参考資料」を作成しました。

　本資料では，学習評価の基本的な考え方や，各教科等における評価規準の作成及び評価の実施等について解説しているほか，各教科等別に単元や題材に基づく学習評価について事例を紹介しています。各学校においては，本資料や各教育委員会等が示す学習評価に関する資料などを参考としながら，学習評価を含むカリキュラム・マネジメントを円滑に進めていただくことで，「指導と評価の一体化」を実現し，子供たちに未来の創り手となるために必要な資質・能力が育まれることを期待します。

　最後に，本資料の作成に御協力くださった方々に心から感謝の意を表します。

　令和 3 年 8 月

国立教育政策研究所

教育課程研究センター長

鈴　木　敏　之

学習評価とは？

学習評価：学校での教育活動に関し、生徒の学習状況を評価するもの

・教師が指導の改善を図る

・生徒が自らの学習を振り返って次の学習に向かうことができるようにする

⇒評価を教育課程の改善に役立てる

学習評価について指摘されている課題

学習評価の現状について、学校や教師の状況によっては、以下のような課題があることが指摘されている。

・学期末や学年末などの事後での評価に終始してしまうことが多く、評価の結果が児童生徒の具体的な学習改善につながっていない

・現行の「関心・意欲・態度」の観点について、挙手の回数や毎時間ノートをとっているかなど、性格や行動面の傾向が一時的に表出された場面を捉える評価であるような誤解が払拭しきれていない

・教師によって評価の方針が異なり、学習改善につなげにくい

・教師が評価のための「記録」に労力を割かれて、指導に注力できない

・相当な労力をかけて記述した指導要録が、次の学年や学校段階において十分に活用されていない

生徒の意見
先生によって観点の重みが違うんです。授業態度をとても重視する先生もいるし、テストだけで判断するという先生もいます。そうすると、どう努力していけばよいのか本当に分かりにくいんです。

(中央教育審議会初等中等教育分科会教育課程部会児童生徒の学習評価に関するワーキンググループ第7回における高等学校三年生の意見より)

カリキュラム・マネジメントの一環としての指導と評価
「主体的・対話的で深い学び」の視点からの授業改善と評価

Plan
指導計画等の作成

Do
指導計画を踏まえた教育の実施

Check
生徒の学習状況、指導計画等の評価

Action
授業や指導計画等の改善

平成30年告示の学習指導要領における目標の構成

各教科等の「目標」や「内容」の記述を、「知識及び技能」「思考力、判断力、表現力等」「学びに向かう力、人間性等」の資質・能力の3つの柱で再整理。

例えば、国語科では…

平成21年告示高等学校学習指導要領

国語
第1款　目標
国語を適切に表現し的確に理解する能力を育成し、伝え合う力を高めるとともに、思考力や想像力を伸ばし、心情を豊かにし、言語感覚を磨き、言語文化に対する関心を深め、国語を尊重してその向上を図る態度を育てる。

平成30年告示高等学校学習指導要領

国語
第1款　目標
言葉による見方・考え方を働かせ、言語活動を通して、国語で的確に理解し効果的に表現する資質・能力を次のとおり育成することを目指す。
【知識及び技能】
(1) 生涯にわたる社会生活に必要な国語について、その特質を理解し適切に使うことができるようにする。
【思考力、判断力、表現力等】
(2) 生涯にわたる社会生活における他者との関わりの中で伝え合う力を高め、思考力や想像力を伸ばす。
【学びに向かう力、人間性等】
(3) 言葉のもつ価値への認識を深めるとともに、言語感覚を磨き、我が国の言語文化の担い手としての自覚をもち、生涯にわたり国語を尊重してその能力の向上を図る態度を養う。

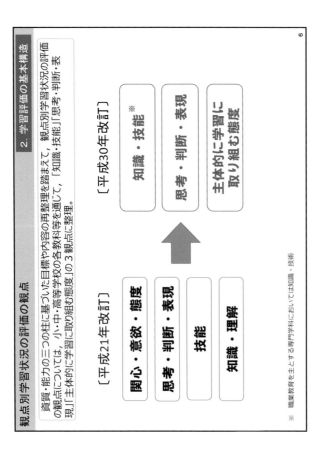

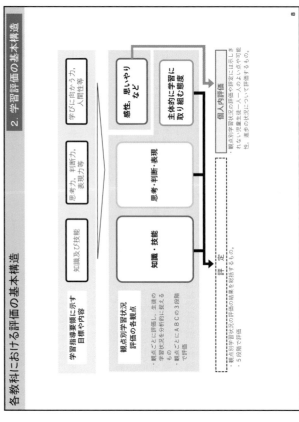

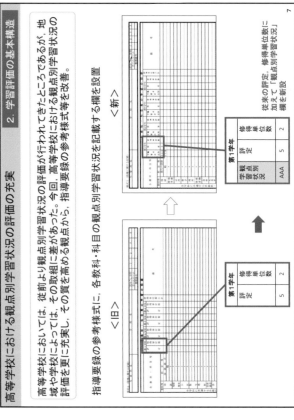

次のような工夫が考えられる

● 授業において
それぞれの教科等の特質に応じ、観察・実験をしたり、式やグラフで表現したりするなど学習した技能を用いる場面を設け評価

● ペーパーテストにおいて
事実的な知識の習得を問う問題と知識の概念的な理解を問う問題とのバランスに配慮して出題し評価

次のような工夫が考えられる

● ペーパーテストにおいて、出題の仕方を工夫して評価
● 論述やレポートを課して評価
● 発表やグループでの話合いなどの場面で評価
● 作品の制作などにおいて多様な表現活動を設け、ポートフォリオを活用して評価

学びに向かう力、人間性等

① 観点別学習状況の評価になじまない部分（感性、思いやり等）

⑦ 「主体的に学習に取り組む態度」として観点別学習状況の評価を通じて見取ることができる部分

個人内評価（生徒一人一人のよい点や可能性、進歩の状況について評価するもの）等を通じて見取る。
※ 特に感性や思いやりなど生徒一人一人のよい点や可能性、進歩の状況などについては、積極的に評価し、生徒に伝えることが重要。

知識及び技能を獲得したり、思考力、判断力、表現力等を身に付けたりすることに向けた粘り強い取組の中で、自らの学習を調整しようとしているかどうかを含めて評価する。

「学びに向かう力、人間性等」には、⑦「主体的に学習に取り組む態度」として観点別学習状況の評価を通じて見取ることができる部分と、①観点別学習状況の評価や評定にはなじまない部分がある。

「主体的に学習に取り組む態度」の評価のイメージ

○「主体的に学習に取り組む態度」の評価については、①知識及び技能を獲得したり、思考力、判断力、表現力等を身に付けたりすることに向けた粘り強い取組を行おうとする側面と、②の粘り強い取組を行う中で、自らの学習を調整しようとする側面、という二つの側面から評価することが求められる。

○これら①②の姿は実際の教科等の学びの中では別々ではなく相互に関わり合いながら立ち現れるものと考えられる。例えば、①粘り強く取り組み続ける中や、②自らの学習を調整しようとせず粘り強く取り組み続ける姿や、粘り強さが全くない中で自らの学習を調整する姿は一般的ではない。

「十分満足できる」状況(A)
「おおむね満足できる」状況(B)
「努力を要する」状況(C)

② 自らの学習を調整しようとする側面
① 粘り強い取組を行おうとする側面

「主体的に学習に取り組む態度」については、①知識及び技能を獲得したり、思考力、判断力、表現力等を身に付けたりすることに向けた粘り強い取組の中で、②自らの学習を調整しようとしているかどうかを含めて評価する。

スライド14

観点別評価の進め方　　3. 各教科の学習評価

[「内容のまとまり」ごとの評価規準を作成する] → [単元（題材）の目標を作成する] → [単元（題材）の評価規準を作成する]

[指導と評価の計画を立てる] → [授業（指導と評価）を行う] → [評価の総括を行う]

（総括に用いる評価の記録については、場面を精選する）

※ 職業教育を主とする専門学科においては、学習指導要領の規定から、「指導項目」ごとの評価規準」とする。

14

スライド16

学習評価の円滑な実施に向けた取組　　4. 学習評価を行う上での各学校における留意事項②

学校全体としての組織的かつ計画的な取組

教師の勤務負担軽減を図りながら学習評価の妥当性や信頼性が高められるよう、学校全体としての組織的かつ計画的な取組を行うことが重要。

※例えば以下の取組が考えられる。
・教師同士での評価規準や評価方法の検討、明確化
・実践事例の蓄積・共有
・評価結果の検討等を通じた教師の力量の向上
・校内組織（学年会や教科部会等）の活用

16

スライド13

「主体的に学習に取り組む態度」の評価　　3. 各教科の学習評価

●「自らの学習を調整しようとする側面」について
自らの学習状況を振り返って把握し、学習の進め方について試行錯誤する（微調整を繰り返す）などの意思的な側面

指導において次のような工夫も大切
■生徒が自らの理解状況を振り返ることができるような発問を工夫したり指示したりする
■内容のまとまりの中で、話し合ったり他の生徒との協働を通じて自らの考えを相対化するような場面を設ける

◎ここでの評価は、生徒の学習の調整が「適切に行われているか」をを必ずしも判断するものではない。学習の調整が適切に行われていない場合には、教師の指導が求められる。

13

スライド15

学習評価の円滑な実施に向けた取組　　4. 学習評価を行う上での各学校における留意事項①

評価の方針等の生徒との共有

学習評価の妥当性や信頼性を高めるとともに、生徒自身に学習の見通しをもたせるため、学習評価の方針を事前に生徒と共有する場面を必要に応じて設ける。

観点別学習状況の評価を行う場面の精選

観点別学習状況の評価に係る記録は、毎回の授業ではなく、単元や題材などの内容のまとまりごとに行うことなど、評価場面を精選する。
※日々の授業における生徒の学習状況を適切に把握して指導の改善に生かすことに重点を置くことが重要。

外部試験や検定等の学習評価への利用

外部試験や検定等（高校生のための学びの基礎診断の認定を受けた測定ツールなど）の結果を、指導や評価の改善につなげることも重要。
※外部試験や検定等は、学習指導要領の目標に準拠したものでない場合や内容を網羅的に扱うものでない場合があることから、教師が行う学習評価の補完材料である（外部試験等の結果そのものをもって教師の評価に代えることは適切ではない）ことに十分留意が必要であること。

15

目次

【巻頭資料】学習評価に関する基本的事項（スライド）

※本冊子については，改訂後の常用漢字表（平成22年11月30日内閣告示）に基づいて表記してい
　ます（学習指導要領及び初等中等教育局長通知等の引用部分を除く）。

〔巻頭資料（スライド）について〕

　巻頭資料（スライド）は，学習評価に関する基本事項を簡潔にまとめたものです。巻頭資料の記載に目を通し概略を把握することで，本編の内容を読み進める上での一助となることや，各自治体や各学校における研修等で使用する資料の参考となることを想定しています。記載内容は最小限の情報になっているので，詳細については，本編を御参照ください。

第1編

総説

第1編　総説

本編においては，以下の資料について，それぞれ略称を用いることとする。

答申：「幼稚園，小学校，中学校，高等学校及び特別支援学校の学習指導要領等の改善
　　　及び必要な方策等について（答申）」　平成 28 年 12 月 21 日　中央教育審議会

報告：「児童生徒の学習評価の在り方について（報告）」　平成 31 年 1 月 21 日　中央教
　　　育審議会　初等中等教育分科会　教育課程部会

改善等通知：「小学校，中学校，高等学校及び特別支援学校等における児童生徒の学習
　　　評価及び指導要録の改善等について（通知）」　平成 31 年 3 月 29 日　初等中等
　　　教育局長通知

第1章　平成 30 年の高等学校学習指導要領改訂を踏まえた学習評価の改善

1　はじめに

　学習評価は，学校における教育活動に関し，生徒の学習状況を評価するものである。答申にもあるとおり，生徒の学習状況を的確に捉え，教師が指導の改善を図るとともに，生徒が自らの学びを振り返って次の学びに向かうことができるようにするためには，学習評価の在り方が極めて重要である。

　各教科等の評価については，「観点別学習状況の評価」と「評定」が学習指導要領に定める目標に準拠した評価として実施するものとされている[1]。観点別学習状況の評価とは，学校における生徒の学習状況を，複数の観点から，それぞれの観点ごとに分析的に捉える評価のことである。生徒が各教科等での学習において，どの観点で望ましい学習状況が認められ，どの観点に課題が認められるかを明らかにすることにより，具体的な指導や学習の改善に生かすことを可能とするものである。各学校において目標に準拠した観点別学習状況の評価を行うに当たっては，観点ごとに評価規準を定める必要がある。評価規準とは，観点別学習状況の評価を的確に行うため，学習指導要領に示す目標の実現の状況を判断するよりどころを表現したものである。本参考資料は，観点別学習状況の評価を実施する際に必要となる評価規準等，学習評価を行うに当たって参考となる情報をまとめたものである。

　以下，文部省指導資料から，評価規準について解説した部分を参考として引用する。

---

[1] 各教科の評価については，観点別学習状況の評価と，これらを総括的に捉える「評定」の両方について実施するものとされており，観点別学習状況の評価や評定には示しきれない生徒の一人一人のよい点や可能性，進歩の状況については，「個人内評価」として実施するものとされている（P.6 〜11 に後述）。

（参考）評価規準の設定（抄）

（文部省「小学校教育課程一般指導資料」（平成5年9月）より）

　新しい指導要録（平成3年改訂）では，観点別学習状況の評価が効果的に行われるようにするために，「各観点ごとに学年ごとの評価規準を設定するなどの工夫を行うこと」と示されています。

　これまでの指導要録においても，観点別学習状況の評価を適切に行うため，「観点の趣旨を学年別に具体化することなどについて工夫を加えることが望ましいこと」とされており，教育委員会や学校では目標の達成の度合いを判断するための基準や尺度などの設定について研究が行われてきました。

　しかし，それらは，ともすれば知識・理解の評価が中心になりがちであり，また「目標を十分達成（＋）」，「目標をおおむね達成（空欄）」及び「達成が不十分（－）」ごとに詳細にわたって設定され，結果としてそれを単に数量的に処理することに陥りがちであったとの指摘がありました。

　今回の改訂においては，学習指導要領が目指す学力観に立った教育の実践に役立つようにすることを改訂方針の一つとして掲げ，各教科の目標に照らしてその実現の状況を評価する観点別学習状況を各教科の学習の評価の基本に据えることとしました。したがって，評価の観点についても，学習指導要領に示す目標との関連を密にして設けられています。

　このように，学習指導要領が目指す学力観に立つ教育と指導要録における評価とは一体のものであるとの考え方に立って，各教科の目標の実現の状況を「関心・意欲・態度」，「思考・判断・表現」，「技能・表現（または技能）」及び「知識・理解」の観点ごとに適切に評価するため，「評価規準を設定する」ことを明確に示しているものです。

　「評価規準」という用語については，先に述べたように，新しい学力観に立って子供たちが自ら獲得し身に付けた資質や能力の質的な面，すなわち，学習指導要領の目標に基づく幅のある資質や能力の育成の実現状況の評価を目指すという意味から用いたものです。

2　平成30年の高等学校学習指導要領改訂を踏まえた学習評価の意義

（1）学習評価の充実

　平成30年に改訂された高等学校学習指導要領総則においては，学習評価の充実について新たに項目が置かれている。具体的には，学習評価の目的等について以下のように示し，単元や題材など内容や時間のまとまりを見通しながら，生徒の主体的・対話的で深い学びの実現に向けた授業改善を行うと同時に，評価の場面や方法を工夫して，学習の過程や成果を評価することを示し，授業の改善と評価の改善を両輪として行っていくことの必要性が明示されている。

・生徒のよい点や進歩の状況などを積極的に評価し，学習したことの意義や価値を実感できるようにすること。また，各教科・科目等の目標の実現に向けた学習状況を把握する観点から，単元や題材など内容や時間のまとまりを見通しながら評価の場面や方法を工夫して，学習の過程や成果を評価し，指導の改善や学習意欲の向上を図り，資質・能力の育成に生かすようにすること。

・創意工夫の中で学習評価の妥当性や信頼性が高められるよう，組織的かつ計画的な取組を推進するとともに，学年や学校段階を越えて生徒の学習の成果が円滑に接続されるように工夫すること。

（高等学校学習指導要領 第1章 総則 第3款 教育課程の実施と学習評価 2 学習評価の充実）

　報告では現状の学習評価の課題として，学校や教師の状況によっては，学期末や学年末などの事後での評価に終始してしまうことが多く，評価の結果が生徒の具体的な学習改善につながっていないなどの指摘があるとしている。このため，学習評価の充実に当たっては，いわゆる評価のための評価に終わることのないよう指導と評価の一体化を図り，学習の成果だけでなく，学習の過程を一層重視し，生徒が自分自身の目標や課題をもって学習を進めていけるように評価を行うことが大切である。

　また，報告においては，教師によって学習評価の方針が異なり，生徒が学習改善につなげにくいといった現状の課題も指摘されている。平成29年度文部科学省委託調査「学習指導と学習評価に対する意識調査」（以下「平成29年度文科省意識調査」）では，学習評価への取組状況について，「A：校内で評価方法や評価規準を共有したり，授業研究を行ったりして，学習評価の改善に，学校全体で取り組んでいる」「B：評価規準の改善，評価方法の研究などは，教員個人に任されている」の二つのうちどちらに近いか尋ねたところ，高等学校では「B」又は「どちらかと言うとB」が約55％を占めている。このような現状を踏まえ，特に高等学校においては，学習評価の妥当性や信頼性を高め，授業改善や組織運営の改善に向けた学校教育全体の取組に位置付ける観点から，組織的かつ計画的に取り組むようにすることが必要である。

（2）カリキュラム・マネジメントの一環としての指導と評価

　各学校における教育活動の多くは，学習指導要領等に従い生徒や地域の実態を踏まえて編成された教育課程の下，指導計画に基づく授業（学習指導）として展開される。各学校では，生徒の学習状況を評価し，その結果を生徒の学習や教師による指導の改善や学校全体としての教育課程の改善等に生かし，学校全体として組織的かつ計画的に教育活動の質の向上を図っていくことが必要である。このように，「学習指導」と「学習評価」は学校の教育活動の根幹に当たり，教育課程に基づいて組織的かつ計画的に教育活動の質の向上を図る「カリキュラム・マネジメント」の中核的な役割を担っているのである。

（3）主体的・対話的で深い学びの視点からの授業改善と評価

指導と評価の一体化を図るためには，生徒一人一人の学習の成立を促すための評価という視点を一層重視し，教師が自らの指導のねらいに応じて授業での生徒の学びを振り返り，学習や指導の改善に生かしていくことが大切である。すなわち，平成30年に改訂された高等学校学習指導要領で重視している「主体的・対話的で深い学び」の視点からの授業改善を通して各教科等における資質・能力を確実に育成する上で，学習評価は重要な役割を担っている。

（4）学習評価の改善の基本的な方向性

（1）～（3）で述べたとおり，学習指導要領改訂の趣旨を実現するためには，学習評価の在り方が極めて重要であり，すなわち，学習評価を真に意味のあるものとし，指導と評価の一体化を実現することがますます求められている。

このため，報告では，以下のように学習評価の改善の基本的な方向性が示された。

① 児童生徒の学習改善につながるものにしていくこと

② 教師の指導改善につながるものにしていくこと

③ これまで慣行として行われてきたことでも，必要性・妥当性が認められないものは見直していくこと

3　平成30年の高等学校学習指導要領改訂を受けた評価の観点の整理

平成30年改訂学習指導要領においては，知・徳・体にわたる「生きる力」を生徒に育むために「何のために学ぶのか」という各教科等を学ぶ意義を共有しながら，授業の創意工夫や教科書等の教材の改善を促すため，全ての教科・科目等の目標及び内容を「知識及び技能」，「思考力，判断力，表現力等」，「学びに向かう力，人間性等」の育成を目指す資質・能力の三つの柱で再整理した（図1参照）。知・徳・体のバランスのとれた「生きる力」を育むことを目指すに当たっては，各教科・科目等の指導を通してどのような資質・能力の育成を目指すのかを明確にしながら教育活動の充実を図ること，その際には，生徒の発達の段階や特性を踏まえ，三つの柱に沿った資質・能力の育成がバランスよく実現できるよう留意する必要がある。

図1

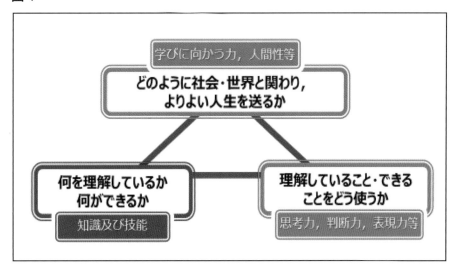

観点別学習状況の評価については，こうした教育目標や内容の再整理を踏まえて，小・中・高等学校の各教科を通じて，4観点から3観点に整理された（図2参照）。

図2

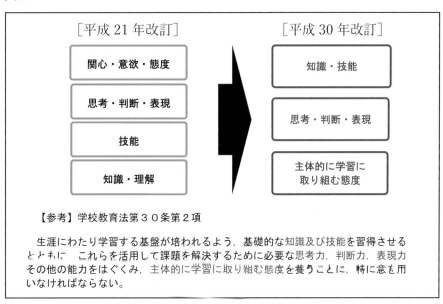

4　平成30年の高等学校学習指導要領改訂における各教科・科目の学習評価

　各教科・科目の学習評価においては，平成30年改訂においても，学習状況を分析的に捉える「観点別学習状況の評価」と，これらを総括的に捉える「評定」の両方について，学習指導要領に定める目標に準拠した評価として実施するものとされた。

　同時に，答申では「観点別学習状況の評価」について，高等学校では，知識量のみを問うペーパーテストの結果や，特定の活動の結果などのみに偏重した評価が行われているのではないかとの懸念も示されており，指導要録の様式の改善などを通じて評価の観点を明確にし，観点別学習状況の評価を更に普及させていく必要があるとされた。報告ではこの点について，以下のとおり示されている。

【高等学校における観点別学習状況の評価の扱いについて】

○　高等学校においては，従前より観点別学習状況の評価が行われてきたところであるが，地域や学校によっては，その取組に差があり，形骸化している場合があるとの指摘もある。「平成29年度文科省意識調査」では，高等学校が指導要録に観点別学習状況の評価を記録している割合は，13.3%にとどまる。そのため，高等学校における観点別学習状況の評価を更に充実し，その質を高める観点から，今後国が発出する学習評価及び指導要録の改善等に係る通知の「高等学校及び特別支援学校高等部の指導要録に記載する事項等」において，観点別学習状況の評価に係る説明を充実するとともに，指導要録の参考様式に記載欄を設けることとする。

　　これを踏まえ，改善等通知においては，高等学校生徒指導要録に新たに観点別学習状況の評価の記載欄を設けることとした上で，以下のように示されている。

【高等学校生徒指導要録】（学習指導要領に示す各教科・科目の取扱いは次のとおり）

　［各教科・科目の学習の記録］

　Ⅰ　観点別学習状況

　　　学習指導要領に示す各教科・科目の目標に基づき，学校が生徒や地域の実態に即して定めた当該教科・科目の目標や内容に照らして，その実現状況を観点ごとに評価し記入する。その際，

　　　　　「十分満足できる」状況と判断されるもの：A

　　　　　「おおむね満足できる」状況と判断されるもの：B

　　　　　「努力を要する」状況と判断されるもの：C

　　のように区別して評価を記入する。

　Ⅱ　評定

　　　各教科・科目の評定は，学習指導要領に示す各教科・科目の目標に基づき，学校が生徒や地域の実態に即して定めた当該教科・科目の目標や内容に照らし，その実現状況を総括的に評価して，

　　　　　「十分満足できるもののうち，特に程度が高い」状況と判断されるもの：5

　　　　　「十分満足できる」状況と判断されるもの：4

　　　　　「おおむね満足できる」状況と判断されるもの：3

　　　　　「努力を要する」状況と判断されるもの：2

　　　　　「努力を要すると判断されるもののうち，特に程度が低い」状況と判断されるもの：1

　　のように区別して評価を記入する。

　　　評定は各教科・科目の学習の状況を総括的に評価するものであり，「観点別学習状況」において掲げられた観点は，分析的な評価を行うものとして，各教科・科目の評定を行う場合において基本的な要素となるものであることに十分留意する。その際，評定の適切な決定方法等については，各学校において定める。

　「平成29年度文科省意識調査」では，「観点別学習状況の評価は実践の蓄積があり，定着してきている」に対する「そう思う」又は「まあそう思う」との回答の割合は，小学校・中学校では80％を超えるのに対し，高等学校では約45％にとどまっている。このような現状を踏まえ，今後高等学校においては，観点別学習状況の評価を更に充実し，その質を高めることが求められている。

　また，観点別学習状況の評価や評定には示しきれない生徒一人一人のよい点や可能性，進歩の状況については，「個人内評価」として実施するものとされている。改善等通知においては，「観点別学習状況の評価になじまず個人内評価の対象となるものについては，児童生徒が学習したことの意義や価値を実感できるよう，日々の教育活動等の中で児童生徒に伝えることが重要であること。特に『学びに向かう力，人間性等』のうち『感性や思いやり』など児童生徒一人一人のよい点や可能性，進歩の状況などを積極的に評価し児童生徒に伝えることが重要であること。」と示されている。

　「3　平成30年の高等学校学習指導要領改訂を受けた評価の観点の整理」も踏まえて各教科における評価の基本構造を図示化すると，以下のようになる（図3参照）。

図3

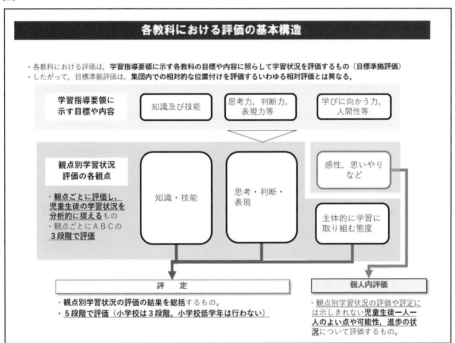

　上記の，「各教科における評価の基本構造」を踏まえた3観点の評価それぞれについての考え方は，以下の（1）～（3）のとおりとなる。なお，この考え方は，総合的な探究の時間，特別活動においても同様に考えることができる。

（1）「知識・技能」の評価について

　「知識・技能」の評価は，各教科等における学習の過程を通した知識及び技能の習得状況について評価を行うとともに，それらを既有の知識及び技能と関連付けたり活用したりする中で，他の学習や生活の場面でも活用できる程度に概念等を理解したり，技能を習得したりしているかについても評価するものである。

　「知識・技能」におけるこのような考え方は，従前の「知識・理解」（各教科等において習得すべき知識や重要な概念等を理解しているかを評価），「技能」（各教科等において習得すべき技能を身に付けているかを評価）においても重視してきたものである。

　具体的な評価の方法としては，ペーパーテストにおいて，事実的な知識の習得を問う問題と，知識の概念的な理解を問う問題とのバランスに配慮するなどの工夫改善を図るとともに，例えば，生徒が文章による説明をしたり，各教科等の内容の特質に応じて，観察・実験したり，式やグラフで表現したりするなど，実際に知識や技能を用いる場面を設けるなど，多様な方法を適切に取り入れていくことが考えられる。

（2）「思考・判断・表現」の評価について

　「思考・判断・表現」の評価は，各教科等の知識及び技能を活用して課題を解決する等のために必要な思考力，判断力，表現力等を身に付けているかを評価するものである。

　「思考・判断・表現」におけるこのような考え方は，従前の「思考・判断・表現」の観点においても重視してきたものである。「思考・判断・表現」を評価するためには，教師は「主体的・対話的で深い学び」の視点からの授業改善をする中で，生徒が思考・判断・表現する場面を効果的に設計するなどした上で，指導・評価することが求められる。

　具体的な評価の方法としては，ペーパーテストのみならず，論述やレポートの作成，発表，グループでの話合い，作品の制作や表現等の多様な活動を取り入れたり，それらを集めたポートフォリオを活用したりするなど評価方法を工夫することが考えられる。

（3）「主体的に学習に取り組む態度」の評価について

　答申において「学びに向かう力，人間性等」には，①「主体的に学習に取り組む態度」として観点別学習状況の評価を通じて見取ることができる部分と，②観点別学習状況の評価や評定にはなじまず，こうした評価では示しきれないことから個人内評価を通じて見取る部分があることに留意する必要があるとされている。すなわち，②については観点別学習状況の評価の対象外とする必要がある。

　「主体的に学習に取り組む態度」の評価に際しては，単に継続的な行動や積極的な発言を行うなど，性格や行動面の傾向を評価するということではなく，各教科等の「主体的に学習に取り組む態度」に係る観点の趣旨に照らして，知識及び技能を習得したり，思考力，判断力，表現力等を身に付けたりするために，自らの学習状況を把握し，学習の進め方について試行錯誤するなど自らの学習を調整しながら，学ぼうとしているか

どうかという意思的な側面を評価することが重要である。

　従前の「関心・意欲・態度」の観点も，各教科等の学習内容に関心をもつことのみならず，よりよく学ぼうとする意欲をもって学習に取り組む態度を評価するという考え方に基づいたものであり，この点を「主体的に学習に取り組む態度」として改めて強調するものである。

　本観点に基づく評価は，「主体的に学習に取り組む態度」に係る各教科等の評価の観点の趣旨に照らして，

① 知識及び技能を獲得したり，思考力，判断力，表現力等を身に付けたりすることに向けた粘り強い取組を行おうとしている側面

② ①の粘り強い取組を行う中で，自らの学習を調整しようとする側面

という二つの側面を評価することが求められる[2]（図4参照）。

　ここでの評価は，生徒の学習の調整が「適切に行われているか」を必ずしも判断するものではなく，学習の調整が知識及び技能の習得などに結び付いていない場合には，教師が学習の進め方を適切に指導することが求められる。

　具体的な評価の方法としては，ノートやレポート等における記述，授業中の発言，教師による行動観察や生徒による自己評価や相互評価等の状況を，教師が評価を行う際に考慮する材料の一つとして用いることなどが考えられる。

図4

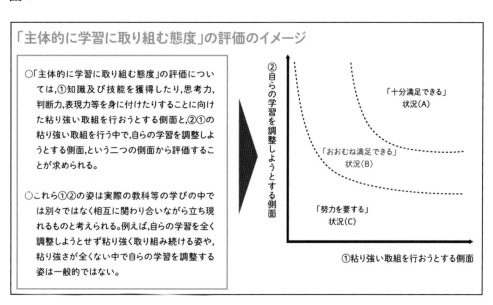

_____

[2] これら①②の姿は実際の教科等の学びの中では別々ではなく相互に関わり合いながら立ち現れるものと考えられることから，実際の評価の場面においては，双方の側面を一体的に見取ることも想定される。例えば，自らの学習を全く調整しようとせず粘り強く取り組み続ける姿や，粘り強さが全くない中で自らの学習を調整する姿は一般的ではない。

　なお，学習指導要領の「2　内容」に記載のない「主体的に学習に取り組む態度」の評価については，後述する第2章1（2）を参照のこと[3]。

5　改善等通知における総合的な探究の時間，特別活動の指導要録の記録

　改善等通知においては，各教科の学習の記録とともに，以下の（1），（2）の各教科等の指導要録における学習の記録について以下のように示されている。

（1）総合的な探究の時間について

　改善等通知別紙3には，「総合的な探究の時間の記録については，この時間に行った学習活動及び各学校が自ら定めた評価の観点を記入した上で，それらの観点のうち，生徒の学習状況に顕著な事項がある場合などにその特徴を記入する等，生徒にどのような力が身に付いたかを文章で端的に記述する」とされている。また，「評価の観点については，高等学校学習指導要領等に示す総合的な探究の時間の目標を踏まえ，各学校において具体的に定めた目標，内容に基づいて別紙5を参考に定める」とされている。

（2）特別活動について

　改善等通知別紙3には，「特別活動の記録については，各学校が自ら定めた特別活動全体に係る評価の観点を記入した上で，各活動・学校行事ごとに，評価の観点に照らして十分満足できる活動の状況にあると判断される場合に，○印を記入する」とされている。また，「評価の観点については，高等学校学習指導要領等に示す特別活動の目標を踏まえ，各学校において別紙5を参考に定める。その際，特別活動の特質や学校として重点化した内容を踏まえ，例えば『主体的に生活や人間関係をよりよくしようとする態度』などのように，より具体的に定めることも考えられる。記入に当たっては，特別活動の学習が学校やホームルームにおける集団活動や生活を対象に行われるという特質に留意する」とされている。

　なお，特別活動は学級担任以外の教師が指導する活動もあることから，評価体制を確立し，共通理解を図って，生徒のよさや可能性を多面的・総合的に評価するとともに，確実に資質・能力が育成されるよう指導の改善に生かすことが求められる。

---

[3] 各教科等によって，評価の対象に特性があることに留意する必要がある。例えば，保健体育科の体育に関する科目においては，公正や協力などを，育成する「態度」として学習指導要領に位置付けており，各教科等の目標や内容に対応した学習評価が行われることとされている。

6 障害のある生徒の学習評価について

学習評価に関する基本的な考え方は，障害のある生徒の学習評価についても同様である。

障害のある生徒については，特別支援学校等の助言又は援助を活用しつつ，個々の生徒の障害の状態や特性及び心身の発達の段階に応じた指導内容や指導方法の工夫を行い，その評価を適切に行うことが必要である。また，指導内容や指導方法の工夫については，学習指導要領の各教科・科目の「指導計画の作成と内容の取扱い」の「指導計画作成上の配慮事項」の「障害のある生徒への配慮についての事項」についての学習指導要領解説も参考となる。

7 評価の方針等の生徒や保護者への共有について

学習評価の妥当性や信頼性を高めるとともに，生徒自身に学習の見通しをもたせるために，学習評価の方針を事前に生徒と共有する場面を必要に応じて設けることが求められており，生徒に評価の結果をフィードバックする際にも，どのような方針によって評価したのかを改めて生徒に共有することも重要である。

また，学習指導要領下での学習評価の在り方や基本方針等について，様々な機会を捉えて保護者と共通理解を図ることが非常に重要である。

第2章　学習評価の基本的な流れ

1　各学科に共通する各教科における評価規準の作成及び評価の実施等について

（1）目標と「評価の観点及びその趣旨」との対応関係について

　　評価規準の作成に当たっては，各学校の実態に応じて目標に準拠した評価を行うために，「評価の観点及びその趣旨[4]」が各教科の目標を踏まえて作成されていることを確認することが必要である[5]。また，教科の目標と「評価の観点及びその趣旨」との関係性を踏まえ，科目の目標に対する「評価の観点の趣旨」を作成することが必要である。

　　なお，「主体的に学習に取り組む態度」の観点は，教科・科目の目標の（3）に対応するものであるが，観点別学習状況の評価を通じて見取ることができる部分をその内容として整理し，示していることを確認することが必要である（図5，6参照）。

図5

【学習指導要領「教科の目標」】

学習指導要領　各教科の「第1款　目標」等

（1）	（2）	（3）
（知識及び技能に関する目標）	（思考力，判断力，表現力等に関する目標）	（学びに向かう力，人間性等に関する目標）[6]

【改善等通知　別紙5「評価の観点及びその趣旨」】

観点	知識・技能	思考・判断・表現	主体的に学習に取り組む態度
趣旨	（知識・技能の観点の趣旨）	（思考・判断・表現の観点の趣旨）	（主体的に学習に取り組む態度の観点の趣旨）

---

[4] 各教科等の学習指導要領の目標の規定を踏まえ，観点別学習状況の評価の対象とするものについて整理したものが教科等の観点の趣旨である。

[5] 芸術科においては，「第2款　各科目」における音楽Ⅰ～Ⅲ，美術Ⅰ～Ⅲ，工芸Ⅰ～Ⅲ，書道Ⅰ～Ⅲについて，それぞれ科目の目標を踏まえて「評価の観点及びその趣旨」が作成されている。

[6] 学びに向かう力，人間性等に関する目標には，個人内評価として実施するものも含まれている。

図6

【学習指導要領「科目の目標」】

学習指導要領　各教科の「第2款　各科目」における科目の目標

(1)	(2)	(3)
（知識及び技能に関する目標）	（思考力，判断力，表現力等に関する目標）	（学びに向かう力，人間性等に関する目標）[7]

観点	知識・技能	思考・判断・表現	主体的に学習に取り組む態度
趣旨	（知識・技能の観点の趣旨）	（思考・判断・表現の観点の趣旨）	（主体的に学習に取り組む態度の観点の趣旨）
	科目の目標に対する「評価の観点の趣旨」は各学校等において作成する		

（2）「内容のまとまりごとの評価規準」について

　　本参考資料では，評価規準の作成等について示す。具体的には，第2編において学習指導要領の規定から「内容のまとまりごとの評価規準」を作成する際の手順を示している。ここでの「内容のまとまり」とは，学習指導要領に示す各教科等の「第2款　各科目」における各科目の「1　目標」及び「2　内容」の項目等をそのまとまりごとに細分化したり整理したりしたものである[8]。平成30年に改訂された高等学校学習指導要領においては資質・能力の三つの柱に基づく構造化が行われたところであり，各学科に共通する各教科においては，学習指導要領に示す各教科の「第2款 各科目」の「2　内容」

---

[7] 脚注6を参照

[8] 各教科等の学習指導要領の「第3款　各科目にわたる指導計画の作成と内容の取扱い」1(1)に「単元（題材）などの内容や時間のまとまり」という記載があるが，この「内容や時間のまとまり」と，本参考資料における「内容のまとまり」は同義ではないことに注意が必要である。前者は，主体的・対話的で深い学びを実現するため，主体的に学習に取り組めるよう学習の見通しを立てたり学習したことを振り返ったりして自身の学びや変容を自覚できる場面をどこに設定するか，対話によって自分の考えなどを広げたり深めたりする場面をどこに設定するか，学びの深まりをつくりだすために，生徒が考える場面と教師が教える場面をどのように組み立てるか，といった視点による授業改善は，1単位時間の授業ごとに考えるのではなく，単元や題材などの一定程度のまとまりごとに検討されるべきであることが示されたものである。後者（本参考資料における「内容のまとまり」）については，本文に述べるとおりである。

において⁹，「内容のまとまり」ごとに育成を目指す資質・能力が示されている。このため，「2 内容」の記載はそのまま学習指導の目標となりうるものである¹⁰。学習指導要領の目標に照らして観点別学習状況の評価を行うに当たり，生徒が資質・能力を身に付けた状況を表すために，「2 内容」の記載事項の文末を「～すること」から「～している」と変換したもの等を，本参考資料において「内容のまとまりごとの評価規準」と呼ぶこととする¹¹。

ただし，「主体的に学習に取り組む態度」に関しては，特に，生徒の学習への継続的な取組を通して現れる性質を有すること等から¹²，「2 内容」に記載がない¹³。そのため，各科目の「1 目標」を参考にして作成した科目の目標に対する「評価の観点の趣旨」を踏まえつつ，必要に応じて，改善等通知別紙5に示された評価の観点の趣旨のうち「主体的に学習に取り組む態度」に関わる部分を用いて「内容のまとまりごとの評価規準」を作成する必要がある。

なお，各学校においては，「内容のまとまりごとの評価規準」の考え方を踏まえて，各学校の実態を考慮し，単元や題材の評価規準等，学習評価を行う際の評価規準を作成する。

---

⁹ 外国語においては「第2款 各科目」の「1 目標」である。

¹⁰ 「2 内容」において示されている指導事項等を整理することで「内容のまとまり」を構成している教科もある。この場合は，整理した資質・能力をもとに，構成された「内容のまとまり」に基づいて学習指導の目標を設定することとなる。また，目標や評価規準の設定は，教育課程を編成する主体である各学校が，学習指導要領に基づきつつ生徒や学校，地域の実情に応じて行うことが必要である。

¹¹ 各学科に共通する各教科第9節家庭については，学習指導要領の「第1款 目標」(2)及び「第2款 各科目」の「1 目標」(2)に思考力・判断力・表現力等の育成に係る学習過程が記載されているため，これらを踏まえて「内容のまとまりごとの評価規準」を作成する必要がある。

¹² 各教科等の特性によって単元や題材など内容や時間のまとまりはさまざまであることから，評価を行う際は，それぞれの実現状況が把握できる段階について検討が必要である。

¹³ 各教科等によって，評価の対象に特性があることに留意する必要がある。例えば，保健体育科の体育に関する科目においては，公正や協力などを，育成する「態度」として学習指導要領に位置付けており，各教科等の目標や内容に対応した学習評価が行われることとされている。

（3）「内容のまとまりごとの評価規準」を作成する際の基本的な手順

各教科における[14]，「内容のまとまりごとの評価規準」を作成する際の基本的な手順は以下のとおりである。

学習指導要領に示された教科及び科目の目標を踏まえて，「評価の観点及びその趣旨」が作成されていることを理解した上で，

① 各教科における「内容のまとまり」と「評価の観点」との関係を確認する。

② 【観点ごとのポイント】を踏まえ，「内容のまとまりごとの評価規準」を作成する。

（4）評価の計画を立てることの重要性

学習指導のねらいが生徒の学習状況として実現されたかについて，評価規準に照らして観察し，毎時間の授業で適宜指導を行うことは，育成を目指す資質・能力を生徒に育むためには不可欠である。その上で，評価規準に照らして，観点別学習状況の評価をするための記録を取ることになる。そのためには，いつ，どのような方法で，生徒について観点別学習状況を評価するための記録を取るのかについて，評価の計画を立てることが引き続き大切である。

しかし，毎時間生徒全員について記録を取り，総括の資料とするために蓄積することは現実的ではないことからも，生徒全員の学習状況を記録に残す場面を精選し，かつ適切に評価するための評価の計画が一層重要になる。

（5）観点別学習状況の評価に係る記録の総括

適切な評価の計画の下に得た，生徒の観点別学習状況の評価に係る記録の総括の時期としては，単元（題材）末，学期末，学年末等の節目が考えられる。

総括を行う際，観点別学習状況の評価に係る記録が，観点ごとに複数ある場合は，例えば，次のような総括の方法が考えられる。

・ 評価結果のＡ，Ｂ，Ｃの数を基に総括する場合

何回か行った評価結果のＡ，Ｂ，Ｃの数が多いものが，その観点の学習の実施状況を最もよく表現しているとする考え方に立つ総括の方法である。例えば，3回評価を行った結果が「ＡＢＢ」ならばＢと総括することが考えられる。なお，「ＡＡＢＢ」の総括結果をＡとするかＢとするかなど，同数の場合や三つの記号が混在する場合の総括の仕方をあらかじめ各学校において決めておく必要がある。

---

[14] 芸術科においては，「第2款 各科目」における音楽Ⅰ〜Ⅲ，美術Ⅰ〜Ⅲ，工芸Ⅰ〜Ⅲ，書道Ⅰ〜Ⅲについて，必要に応じてそれぞれ「内容のまとまりごとの評価規準」を作成する。

・ **評価結果のＡ，Ｂ，Ｃを数値に置き換えて総括する場合**

　何回か行った評価結果Ａ，Ｂ，Ｃを，例えばＡ＝3，Ｂ＝2，Ｃ＝1のように数値によって表し，合計したり平均したりする総括の方法である。例えば，総括の結果をＢとする範囲を［1.5≦平均値≦2.5］とすると，「ＡＢＢ」の平均値は，約2.3［（3＋2＋2）÷3］で総括の結果はＢとなる。

　なお，評価の各節目のうち特定の時点に重きを置いて評価を行うこともできるが，その際平均値による方法等以外についても様々な総括の方法が考えられる。

（6）観点別学習状況の評価の評定への総括

　評定は，各教科の観点別学習状況の評価を総括した数値を示すものである。評定は，生徒がどの教科の学習に望ましい学習状況が認められ，どの教科の学習に課題が認められるのかを明らかにすることにより，教育課程全体を見渡した学習状況の把握と指導や学習の改善に生かすことを可能とするものである。

　評定への総括は，学期末や学年末などに行われることが多い。学年末に評定へ総括する場合には，学期末に総括した評定の結果を基にする場合と，学年末に観点ごとに総括した結果を基にする場合が考えられる。

　観点別学習状況の評価の評定への総括は，各観点の評価結果をＡ，Ｂ，Ｃの組合せ，又は，Ａ，Ｂ，Ｃを数値で表したものに基づいて総括し，その結果を5段階で表す。

　Ａ，Ｂ，Ｃの組合せから評定に総括する場合，「ＢＢＢ」であれば3を基本としつつ，「ＡＡＡ」であれば5又は4，「ＣＣＣ」であれば2又は1とするのが適当であると考えられる。それ以外の場合は，各観点のＡ，Ｂ，Ｃの数の組合せから適切に評定することができるようあらかじめ各学校において決めておく必要がある。

　なお，観点別学習状況の評価結果は，「十分満足できる」状況と判断されるものをＡ，「おおむね満足できる」状況と判断されるものをＢ，「努力を要する」状況と判断されるものをＣのように表されるが，そこで表された学習の実現状況には幅があるため，機械的に評定を算出することは適当ではない場合も予想される。

　また，評定は，高等学校学習指導要領等に示す各教科・科目の目標に照らして，その実現状況を「十分満足できるもののうち，特に程度が高い」状況と判断されるものを5，「十分満足できる」状況と判断されるものを4，「おおむね満足できる」状況と判断されるものを3，「努力を要する」状況と判断されるものを2，「努力を要すると判断されるもののうち，特に程度が低い」状況と判断されるものを1（単位不認定）という数値で表される。しかし，この数値を生徒の学習状況について五つに分類したものとして捉えるのではなく，常にこの結果の背後にある生徒の具体的な学習の実現状況を思い描き，適切に捉えることが大切である。評定への総括に当たっては，このようなことも十分に検討する必要がある[15]。また，各学校では観点別学習状況の評価の観点ごとの総括

---

[15] 改善等通知では，「評定は各教科の学習の状況を総括的に評価するものであり，『観点別

及び評定への総括の考え方や方法について，教師間で共通理解を図り，生徒及び保護者に十分説明し理解を得ることが大切である。

2　主として専門学科（職業教育を主とする専門学科）において開設される各教科における評価規準の作成及び評価の実施等について

（1）目標と「評価の観点及びその趣旨」との対応関係について

　　評価規準の作成に当たっては，各学校の実態に応じて目標に準拠した評価を行うために，「評価の観点及びその趣旨」が各教科の目標を踏まえて作成されていることを確認することが必要である。また，教科の目標と「評価の観点及びその趣旨」との関係性を踏まえ，科目の目標に対する「評価の観点の趣旨」を作成することが必要である。

　　なお，「主体的に学習に取り組む態度」の観点は，教科・科目の目標の（3）に対応するものであるが，観点別学習状況の評価を通じて見取ることができる部分をその内容として整理し，示していることを確認することが必要である（図7，8参照）。

図7

【学習指導要領「教科の目標」】

学習指導要領　各教科の「第1款　目標」

（1）	（2）	（3）
（知識及び技術に関する目標）	（思考力，判断力，表現力等に関する目標）	（学びに向かう力，人間性等に関する目標）[16]

【改善等通知　別紙5「評価の観点及びその趣旨」】

観点	知識・技術	思考・判断・表現	主体的に学習に取り組む態度
趣旨	（知識・技術の観点の趣旨）	（思考・判断・表現の観点の趣旨）	（主体的に学習に取り組む態度の観点の趣旨）

学習状況』において掲げられた観点は，分析的な評価を行うものとして，各教科の評定を行う場合において基本的な要素となるものであることに十分留意する。その際，評定の適切な決定方法等については，各学校において定める。」と示されている（P.8参照）。

[16] 脚注6を参照

図8

【学習指導要領「科目の目標」】

学習指導要領　各教科の「第2款　各科目」における科目の目標

(1)	(2)	(3)
（知識及び技術に関する目標）	（思考力，判断力，表現力等に関する目標）	（学びに向かう力，人間性等に関する目標）[17]

観点	知識・技術	思考・判断・表現	主体的に学習に取り組む態度
趣旨	（知識・技術の観点の趣旨）	（思考・判断・表現の観点の趣旨）	（主体的に学習に取り組む態度の観点の趣旨）
	科目の目標に対する「評価の観点の趣旨」は各学校等において作成する		

（2）職業教育を主とする専門学科において開設される「〔指導項目〕ごとの評価規準」について

　　職業教育を主とする専門学科においては，学習指導要領の規定から「〔指導項目〕ごとの評価規準」を作成する際の手順を示している。

　　平成30年に改訂された高等学校学習指導要領においては資質・能力の三つの柱に基づく構造化が行われたところであり，職業教育を主とする専門学科においては，学習指導要領解説に示す各科目の「第2　内容とその取扱い」の「2　内容」の各〔指導項目〕において，育成を目指す資質・能力が示されている。このため，「2　内容〔指導項目〕」の記載はそのまま学習指導の目標となりうるものである。学習指導要領及び学習指導要領解説の目標に照らして観点別学習状況の評価を行うに当たり，生徒が資質・能力を身に付けた状況を表すために，「2　内容　〔指導項目〕」の記載事項の文末を「～すること」から「～している」と変換したもの等を，本参考資料において「〔指導項目〕ごとの評価規準」と呼ぶこととする。

　　なお，職業教育を主とする専門学科については，「2　内容　〔指導項目〕」に「学びに向かう力・人間性」に係る項目が存在する。この「学びに向かう力・人間性」に係る項目から，観点別学習状況の評価になじまない部分等を除くことで「主体的に学習に取り組む態度」の「〔指導項目〕ごとの評価規準」を作成することができる。

　　これらを踏まえ，職業教育を主とする専門学科においては，各科目における「内容のまとまり」を〔指導項目〕に置き換えて記載することとする。

---

[17] 脚注6を参照

　　各学校においては，「〔指導項目〕ごとの評価規準」の考え方を踏まえて，各学校の実態を考慮し，単元の評価規準等，学習評価を行う際の評価規準を作成する。

（3）「〔指導項目〕ごとの評価規準」を作成する際の基本的な手順

　　職業教育を主とする専門学科における，「〔指導項目〕ごとの評価規準」を作成する際の基本的な手順は以下のとおりである。

　　学習指導要領に示された教科及び科目の目標を踏まえて，「評価の観点及びその趣旨」が作成されていることを理解した上で，

① 各科目における〔指導項目〕と「評価の観点」との関係を確認する。

② 【観点ごとのポイント】を踏まえ，「〔指導項目〕ごとの評価規準」を作成する。

3　総合的な探究の時間における評価規準の作成及び評価の実施等について
（1）総合的な探究の時間の「評価の観点」について

　　平成30年に改訂された高等学校学習指導要領では，各教科等の目標や内容を「知識及び技能」，「思考力，判断力，表現力等」，「学びに向かう力，人間性等」の資質・能力の三つの柱で再整理しているが，このことは総合的な探究の時間においても同様である。

　　総合的な探究の時間においては，学習指導要領が定める目標を踏まえて各学校が目標や内容を設定するという総合的な探究の時間の特質から，各学校が観点を設定するという枠組みが維持されている。一方で，各学校が目標や内容を定める際には，学習指導要領において示された以下について考慮する必要がある。

【各学校において定める目標】
　　各学校において定める目標については，各学校における教育目標を踏まえ，総合的な探究の時間を通して育成を目指す資質・能力を示すこと。　　　（第2の3(1)）

　　総合的な探究の時間を通して育成を目指す資質・能力を示すとは，各学校における教育目標を踏まえて，各学校において定める目標の中に，この時間を通して育成を目指す資質・能力を，三つの柱に即して具体的に示すということである。

【各学校において定める内容】
・　探究課題の解決を通して育成を目指す具体的な資質・能力については，次の事項に配慮すること。
　ア　知識及び技能については，他教科等及び総合的な探究の時間で習得する知識及び技能が相互に関連付けられ，社会の中で生きて働くものとして形成されるようにすること。
　イ　思考力，判断力，表現力等については，課題の設定，情報の収集，整理・分析，

> まとめ・表現などの探究的な学習の過程において発揮され，未知の状況において活用できるものとして身に付けられるようにすること。
>
> ウ　学びに向かう力，人間性等については，自分自身に関すること及び他者や社会との関わりに関することの両方の視点を踏まえること。　　　　（第2の3(6)）

　各学校において定める内容について，今回の改訂では新たに，「目標を実現するにふさわしい探究課題」，「探究課題の解決を通して育成を目指す具体的な資質・能力」の二つを定めることが示された。「探究課題の解決を通して育成を目指す具体的な資質・能力」とは，各学校において定める目標に記された資質・能力を，各探究課題に即して具体的に示したものであり，教師の適切な指導の下，生徒が各探究課題の解決に取り組む中で，育成することを目指す資質・能力のことである。この具体的な資質・能力も，「知識及び技能」，「思考力，判断力，表現力等」，「学びに向かう力，人間性等」という資質・能力の三つの柱に即して設定していくことになる。

　このように，各学校において定める目標と内容には，三つの柱に沿った資質・能力が明示されることになる。

　したがって，資質・能力の三つの柱で再整理した学習指導要領の下での指導と評価の一体化を推進するためにも，評価の観点についてこれらの資質・能力に関わる「知識・技能」，「思考・判断・表現」，「主体的に学習に取り組む態度」の3観点に整理し示したところである。

（2）総合的な探究の時間の「内容のまとまり」の考え方

　学習指導要領の第2の2では，「各学校においては，第1の目標を踏まえ，各学校の総合的な探究の時間の内容を定める。」とされている。これは，各学校が，学習指導要領が定める目標の趣旨を踏まえて，地域や学校，生徒の実態に応じて，創意工夫を生かした内容を定めることが期待されているからである。

　この内容の設定に際しては，前述したように「目標を実現するにふさわしい探究課題」，「探究課題の解決を通して育成を目指す具体的な資質・能力」の二つを定めることが示され，探究課題としてどのような対象と関わり，その探究課題の解決を通して，どのような資質・能力を育成するのかが内容として記述されることになる（図9参照）。

　本参考資料第1編第2章の1（2）では，「内容のまとまり」について，「学習指導要領に示す各教科等の『第2款　各科目』における各科目の『1　目標』及び『2　内容』の項目等をそのまとまりごとに細分化したり整理したりしたもので，『内容のまとまり』ごとに育成を目指す資質・能力が示されている」と説明されている。

　したがって，総合的な探究の時間における「内容のまとまり」とは，全体計画に示した「目標を実現するにふさわしい探究課題」のうち，一つ一つの探究課題とその探究課題に応じて定めた具体的な資質・能力と考えることができる。

図9

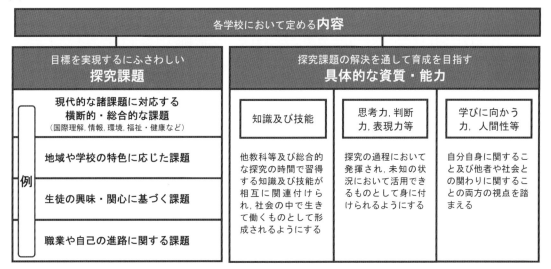

（3）「内容のまとまりごとの評価規準」を作成する際の基本的な手順

　総合的な探究の時間における，「内容のまとまりごとの評価規準」を作成する際の基本的な手順は以下のとおりである。

> ①　各学校において定めた目標（第2の1）と「評価の観点及びその趣旨」を確認する。
>
> ②　各学校において定めた内容の記述（「内容のまとまり」として探究課題ごとに作成した「探究課題の解決を通して育成を目指す具体的な資質・能力」）が，観点ごとにどのように整理されているかを確認する。
>
> ③　【観点ごとのポイント】を踏まえ，「内容のまとまりごとの評価規準」を作成する。

4　特別活動の「評価の観点」とその趣旨，並びに評価規準の作成及び評価の実施等について
（1）特別活動の「評価の観点」とその趣旨について

　特別活動においては，改善等通知において示されたように，特別活動の特質と学校の創意工夫を生かすということから，設置者ではなく，「各学校で評価の観点を定める」ものとしている。本参考資料では「評価の観点」とその趣旨の設定について示している。

（2）特別活動の「内容のまとまり」

　学習指導要領「第2　各活動・学校行事の目標及び内容」〔ホームルーム活動〕「2　内容」の「(1)ホームルームや学校における生活づくりへの参画」，「(2)日常の生活や学習への適応と自己の成長及び健康安全」，「(3)一人一人のキャリア形成と自己実現」，〔生徒会活動〕，〔学校行事〕「2　内容」の(1)儀式的行事，(2)文化的行事，(3)健康安全・体育的行事，(4)旅行・集団宿泊的行事，(5)勤労生産・奉仕的行事をそれぞれ「内容のまとまり」とした。

（3）特別活動の「評価の観点」とその趣旨，並びに「内容のまとまりごとの評価規準」を作成する際の基本的な手順

　各学校においては，学習指導要領に示された特別活動の目標及び内容を踏まえ，自校の実態に即し，改善等通知の例示を参考に観点を作成する。その際，例えば，特別活動の特質や学校として重点化した内容を踏まえて，具体的な観点を設定することが考えられる。

　また，学習指導要領解説では，各活動・学校行事の内容ごとに育成を目指す資質・能力が例示されている。そこで，学習指導要領で示された「各活動・学校行事の目標」及び学習指導要領解説で例示された「資質・能力」を確認し，各学校の実態に合わせて育成を目指す資質・能力を重点化して設定する。

　次に，各学校で設定した，各活動・学校行事で育成を目指す資質・能力を踏まえて，「内容のまとまりごとの評価規準」を作成する。基本的な手順は以下のとおりである。

①　学習指導要領の「特別活動の目標」と改善等通知を確認する。
②　学習指導要領の「特別活動の目標」と自校の実態を踏まえ，改善等通知の例示を参考に，特別活動の「評価の観点」とその趣旨を設定する。
③　学習指導要領の「各活動・学校行事の目標」及び学習指導要領解説特別活動編（平成 30 年 7 月）で例示した「各活動・学校行事における育成を目指す資質・能力」を参考に，各学校において育成を目指す資質・能力を重点化して設定する。
④　【観点ごとのポイント】を踏まえ，「内容のまとまりごとの評価規準」を作成する。

（参考）平成 24 年「評価規準の作成，評価方法等の工夫改善のための参考資料」からの変更点について

　今回作成した本参考資料は，平成 24 年の「評価規準の作成，評価方法等の工夫改善のための参考資料」を踏襲するものであるが，以下のような変更点があることに留意が必要である[18]。

　まず，平成 24 年の参考資料において使用していた「評価規準に盛り込むべき事項」や「評価規準の設定例」については，報告において「現行の参考資料のように評価規準を詳細に示すのではなく，各教科等の特質に応じて，学習指導要領の規定から評価規準を作成する際の手順を示すことを基本とする」との指摘を受け，第 2 編において示すことを改め，本参考資料の第 3 編における事例の中で，各教科等の事例に沿った評価規準を例示したり，その作成手順等を紹介したりする形に改めている。

　次に，本参考資料の第 2 編に示す「内容のまとまりごとの評価規準」は，平成 24 年の「評価規準の作成，評価方法等の工夫改善のための参考資料」において示した「評価規準に盛り込むべき事項」と作成の手順を異にする。具体的には，「評価規準に盛り込むべき事項」は，平成 21 年改訂学習指導要領における各教科等の目標及び内容の記述を基に，学習評価及び指導要録の改善通知で示している各教科等の評価の観点及びその趣旨を踏まえて作成したものである。

　また，平成 24 年の参考資料では「評価規準に盛り込むべき事項」をより具体化したものを「評価規準の設定例」として示している。「評価規準の設定例」は，原則として，学習指導要領の各教科等の目標及び内容のほかに，当該部分の学習指導要領解説（文部科学省刊行）の記述を基に作成していた。他方，本参考資料における「内容のまとまりごとの評価規準」については，平成 30 年改訂の学習指導要領の目標及び内容が育成を目指す資質・能力に関わる記述で整理されたことから，既に確認のとおり，そこでの「内容のまとまり」ごとの記述を，文末を変換するなどにより評価規準とすることを可能としており，学習指導要領の記載と表裏一体をなす関係にあると言える。

　さらに，「主体的に学習に取り組む態度」の「各教科等の評価の観点の趣旨」についてである。前述のとおり，従前の「関心・意欲・態度」の観点から「主体的に学習に取り組む態度」の観点に改められており，「主体的に学習に取り組む態度」の観点に関しては各科目の「1　目標」を参考にしつつ，必要に応じて，改善等通知別紙 5 に示された評価の観点の趣旨のうち「主体的に学習に取り組む態度」に関わる部分を用いて「内容のまとまりごとの評価規準」を作成する必要がある。報告にあるとおり，「主体的に学習に取り組む態度」は，現行の「関心・意欲・態度」の観点の本来の趣旨であった，各教科等の学習内容に関心をもつことのみならず，よりよく学ぼうとする意欲をもって学習に取り組む

---

[18] 特別活動については，平成 30 年改訂学習指導要領を受け，初めて作成するものである。

態度を評価することを改めて強調するものである。また，本観点に基づく評価としては，「主体的に学習に取り組む態度」に係る各教科等の評価の観点の趣旨に照らし，

① 知識及び技能を獲得したり，思考力，判断力，表現力等を身に付けたりすることに向けた粘り強い取組を行おうとする側面と，

② ①の粘り強い取組を行う中で，自らの学習を調整しようとする側面，

という二つの側面を評価することが求められるとされた[19]。

　以上の点から，今回の改善等通知で示した「主体的に学習に取り組む態度」の「各教科等の評価の観点の趣旨」は，平成22年通知で示した「関心・意欲・態度」の「各教科等の評価の観点の趣旨」から改められている。

---

[19] 脚注11を参照

第２編

「内容のまとまりごとの評価規準」
を作成する際の手順

1 高等学校家庭科の「内容のまとまり」

高等学校家庭科における「内容のまとまり」は，以下のようになっている。

第1　家庭基礎
　A　人の一生と家族・家庭及び福祉
　　(1)　生涯の生活設計
　　(2)　青年期の自立と家族・家庭
　　(3)　子供の生活と保育
　　(4)　高齢期の生活と福祉
　　(5)　共生社会と福祉
　B　衣食住の生活の自立と設計
　　(1)　食生活と健康
　　(2)　衣生活と健康
　　(3)　住生活と住環境
　C　持続可能な消費生活・環境
　　(1)　生活における経済の計画
　　(2)　消費行動と意思決定
　　(3)　持続可能なライフスタイルと環境
　D　ホームプロジェクトと学校家庭クラブ活動

第2　家庭総合
　A　人の一生と家族・家庭及び福祉
　　(1)　生涯の生活設計
　　(2)　青年期の自立と家族・家庭及び社会
　　(3)　子供との関わりと保育・福祉
　　(4)　高齢者との関わりと福祉
　　(5)　共生社会と福祉
　B　衣食住の生活の科学と文化
　　(1)　食生活の科学と文化
　　(2)　衣生活の科学と文化
　　(3)　住生活の科学と文化
　C　持続可能な消費生活・環境
　　(1)　生活における経済の計画
　　(2)　消費行動と意思決定
　　(3)　持続可能なライフスタイルと環境
　D　ホームプロジェクトと学校家庭クラブ活動

2　高等学校家庭科における「内容のまとまりごとの評価規準」作成の手順

　ここでは，科目「家庭基礎」の「Ｃ　持続可能な消費生活・環境（2）消費行動と意思決定」を取り上げて，「内容のまとまりごとの評価規準」作成の手順を説明する。

　まず，学習指導要領に示された教科の目標を踏まえて，「評価の観点及びその趣旨」が作成されていることを理解する。次に，教科の目標と「評価の観点及びその趣旨」との関係性を踏まえ，科目の目標に対する「評価の観点の趣旨」を作成する。その上で，①及び②の手順を踏む。

＜例　家庭基礎「Ｃ　持続可能な消費生活・環境（2）消費行動と意思決定」＞

【高等学校学習指導要領　第2章　第9節　家庭「第1款 目標」】

　生活の営みに係る見方・考え方を働かせ，実践的・体験的な学習活動を通して，様々な人々と協働し，よりよい社会の構築に向けて，男女が協力して主体的に家庭や地域の生活を創造する資質・能力を次のとおり育成することを目指す。

(1)	(2)	(3)
人間の生涯にわたる発達と生活の営みを総合的に捉え，家族・家庭の意義，家族・家庭と社会との関わりについて理解を深め，家族・家庭，衣食住，消費や環境などについて，生活を主体的に営むために必要な理解を図るとともに，それらに係る技能を身に付けるようにする。	家庭や地域及び社会における生活の中から問題を見いだして課題を設定し，解決策を構想し，実践を評価・改善し，考察したことを根拠に基づいて論理的に表現するなど，生涯を見通して生活の課題を解決する力を養う。	様々な人々と協働し，よりよい社会の構築に向けて，地域社会に参画しようとするとともに，自分や家庭，地域の生活を主体的に創造しようとする実践的な態度を養う。

（高等学校学習指導要領 P. 181）

【改善等通知　別紙5　各教科等の評価の観点及びその趣旨　＜家庭＞】

知識・技能	思考・判断・表現	主体的に学習に取り組む態度
人間の生涯にわたる発達と生活の営みを総合的に捉え，家族・家庭の意義，家族・家庭と社会との関わりについて理解を深め，生活を主体的に営むために必要な家族・家庭，衣食住，消費や環境などについて理解しているとともに，それらに係る技能を身に付けている。	生涯を見通して，家庭や地域及び社会における生活の中から問題を見いだして課題を設定し，解決策を構想し，実践を評価・改善し，考察したことを根拠に基づいて論理的に表現するなどして課題を解決する力を身に付けている。	様々な人々と協働し，よりよい社会の構築に向けて，課題の解決に主体的に取り組んだり，振り返って改善したりして，地域社会に参画しようとするとともに，自分や家庭，地域の生活を創造し，実践しようとしている。

（改善等通知　別紙5　P. 4）

【高等学校学習指導要領　第2章　第9節　家庭「第2款　第1　家庭基礎　1 目標」】

　生活の営みに係る見方・考え方を働かせ，実践的・体験的な学習活動を通して，様々な人々と協働し，よりよい社会の構築に向けて，男女が協力して主体的に家庭や地域の生活を創造する資質・能力を次のとおり育成することを目指す。

(1)	(2)	(3)
人の一生と家族・家庭及び福祉，衣食住，消費生活・環境などについて，生活を主体的に営むために必要な基礎的な理解を図るとともに，それらに係る技能を身に付けるようにする。	家庭や地域及び社会における生活の中から問題を見いだして課題を設定し，解決策を構想し，実践を評価・改善し，考察したことを根拠に基づいて論理的に表現するなど，生涯を見通して課題を解決する力を養う。	様々な人々と協働し，よりよい社会の構築に向けて，地域社会に参画しようとするとともに，自分や家庭，地域の生活の充実向上を図ろうとする実践的な態度を養う。

(高等学校学習指導要領 P.181)

　以下は，教科の目標と「評価の観点及びその趣旨」との関係性を踏まえた，科目の目標に対する「評価の観点の趣旨」の例である。

【「第2款　第1　家庭基礎」の評価の観点の趣旨（例）】

知識・技能	思考・判断・表現	主体的に学習に取り組む態度
生活を主体的に営むために必要な人の一生と家族・家庭及び福祉，衣食住，消費生活・環境などの基礎的なことについて理解しているとともに，それらに係る技能を身に付けている。	生涯を見通して，家庭や地域及び社会における生活の中から問題を見いだして課題を設定し，解決策を構想し，実践を評価・改善し，考察したことを根拠に基づいて論理的に表現するなどして課題を解決する力を身に付けている。	様々な人々と協働し，よりよい社会の構築に向けて，課題の解決に主体的に取り組んだり，振り返って改善したりして，地域社会に参画しようとするとともに，自分や家庭，地域の生活の充実向上を図るために実践しようとしている。

① 各教科における「内容のまとまり」と「評価の観点」との関係を確認する。

C　持続可能な消費生活・環境

　　次の(1)から(3)までの項目について，持続可能な社会を構築するために実践的・体験的な学習活動を通して，次の事項を身に付けることができるよう指導する。

(2) 消費行動と意思決定

　　ア　消費者の権利と責任を自覚して行動できるよう消費生活の現状と課題，消費行動における意思決定や契約の重要性，消費者保護の仕組みについて理解するとともに，生活情報を適切に収集・整理できること。

　　イ　自立した消費者として，生活情報を活用し，適切な意思決定に基づいて行動することや責任ある消費について考察し，工夫すること。

　(実線)…知識及び技能に関する内容

　(波線)…思考力，判断力，表現力等に関する内容

---

② 【観点ごとのポイント】を踏まえ，「内容のまとまりごとの評価規準」を作成する。

（1）「内容のまとまりごとの評価規準」を作成する際の【観点ごとのポイント】

○「知識・技能」のポイント

・「知識」については，学習指導要領に示す「2　内容」の「知識」に関わる事項に示された「〜について理解すること」「〜について理解を深めること」の記述を当てはめ，それを生徒が「〜について理解している」「〜について理解を深めている」かどうかの学習状況として表すこととする。

・「技能」については，学習指導要領に示す「2　内容」の「技能」に関わる事項に示された「〜の技能を身に付けること」「〜情報の収集・整理ができること」の記述を当てはめ，それを生徒が「〜の技能を身に付けている」「〜情報の収集・整理ができる」かどうかの学習状況として表すこととする。

○「思考・判断・表現」のポイント

・「思考・判断・表現」については，教科及び科目の目標の(2)に示されている学習過程に沿って，「課題を解決する力」が身に付いているのかを評価することとする。したがって，学習指導要領に示す「2　内容」の「思考力，判断力，表現力等」に関わる事項について，その文末を科目の評価の観点の趣旨に基づき，「〜について問題を見いだして課題を設定し，解決策を構想し，実践を評価・改善し，考察したことを根拠に基づいて論理的に表現するなどして課題を解決する力を身に付けている」かどうかの学習状況として表すこととする。

○「主体的に学習に取り組む態度」のポイント

・「主体的に学習に取り組む態度」については，学習指導要領に示す「2　内容」に「学びに向かう力，人間性等」に関わる事項が示されていないことから，「内容のまとまりごとの評価規準」を作成する場合，「各教科等の評価の観点及びその趣旨」における「主体的に学習に取り

組む態度」を基に，「内容のまとまりごとの評価規準」を作成する。

・その際，教科及び科目の特質として，①粘り強さ（知識及び技能を獲得したり，思考力，判断力，表現力等を身に付けたりすることに向けた粘り強い取組を行おうとする側面），②自らの学習の調整（①の粘り強い取組を行う中で，自らの学習を調整しようとする側面）に加え，③実践しようとする態度を含めることに留意し，「様々な人々と協働し，よりよい社会の構築に向けて，〜について，課題の解決に主体的に取り組んだり（①），振り返って改善したり（②）して，地域社会に参画しようとするとともに，自分や家庭，地域の生活の充実向上を図るために実践しようとしている（③）」かどうかの学習状況として表すこととする。

（2）学習指導要領の「2　内容」及び「内容のまとまりごとの評価規準（例）」

学習指導要領 2 内容	知識及び技能	思考力，判断力，表現力等	学びに向かう力，人間性等
	ア　消費者の権利と責任を自覚して行動できるよう消費生活の現状と課題，消費行動における意思決定や契約の重要性，消費者保護の仕組みについて理解するとともに，生活情報を適切に収集・整理できること。	イ　自立した消費者として，生活情報を活用し，適切な意思決定に基づいて行動することや責任ある消費について考察し，工夫すること。	※内容には，学びに向かう力，人間性等について示されていないことから，該当科目の目標(3)を参考にする。

内容のまとまりごとの評価規準　例	知識・技能	思考・判断・表現	主体的に学習に取り組む態度
	消費者の権利と責任を自覚して行動できるよう消費生活の現状と課題，消費行動における意思決定や契約の重要性，消費者保護の仕組みについて理解しているとともに，生活情報を適切に収集・整理できる。	自立した消費者として，生活情報を活用し，適切な意思決定に基づいて行動することや責任ある消費について問題を見いだして課題を設定し，解決策を構想し，実践を評価・改善し，考察したことを根拠に基づいて論理的に表現するなどして課題を解決する力を身に付けている。	様々な人々と協働し，よりよい社会の構築に向けて，消費行動と意思決定について，課題の解決に主体的に取り組んだり，振り返って改善したりして，地域社会に参画しようとするとともに，自分や家庭，地域の生活の充実向上を図るために実践しようとしている。

※　各学校においては，「内容のまとまりごとの評価規準」の考え方を踏まえて，各学校の実態を考慮し，単元の評価規準を作成する。具体的には第3編において事例を示している。

第3編

単元ごとの学習評価について

（事例）

第1章　「内容のまとまりごとの評価規準」の考え方を踏まえた評価規準の作成

1　本編事例における学習評価の進め方について

　各教科及び科目の単元における観点別学習状況の評価を実施するに当たり，まずは年間の指導と評価の計画を確認することが重要である。その上で，学習指導要領の目標や内容，「内容のまとまりごとの評価規準」の考え方等を踏まえ，以下のように進めることが考えられる。なお，複数の単元にわたって評価を行う場合など，以下の方法によらない事例もあることに留意する必要がある。

第3編

評価の進め方	留意点
1　単元の目標を作成する	○　学習指導要領の目標や内容，学習指導要領解説等を踏まえて作成する。 ○　生徒の実態，前単元までの学習状況等を踏まえて作成する。 ※　単元の目標及び評価規準の関係性（イメージ）については下図参照 **単元の目標及び評価規準の関係性について（イメージ図）** 学習指導要領　　第1編第2章1（2）を参照 「内容のまとまりごとの評価規準」 学習指導要領解説等を参考に，各学校において授業で育成を目指す資質・能力を明確化 「内容のまとまりごとの評価規準」の考え方等を踏まえて作成 単元の目標　　第3編第1章2を参照 単元の評価規準 ※　外国語科においてはこの限りではない。
2　単元の評価規準を作成する	
3　「指導と評価の計画」を作成する	○　1，2を踏まえ，評価場面や評価方法等を計画する。 ○　どのような評価資料（生徒の反応やノート，ワークシート，作品等）を基に，「おおむね満足できる」状況（B）と評価するかを考えたり，「努力を要する」状況（C）への手立て等を考えたりする。
授業を行う	○　3に沿って観点別学習状況の評価を行い，生徒の学習改善や教師の指導改善につなげる。
4　観点ごとに総括する	○　集めた評価資料やそれに基づく評価結果などから，観点ごとの総括的評価（A，B，C）を行う。

2 単元の評価規準の作成のポイント

単元の設定に当たっては，内容AからDまでの各項目及び各項目に示す指導事項との関連を見極め，相互に有機的な関連を図り学習が展開されるように配慮する必要がある。そのため，実際の指導に当たっては，「単元の目標」及び「単元の評価規準」を作成した上で，学習指導要領解説（以下「解説」）の記述を参考にするなどして，「単元の評価規準」を学習活動に即して具体的にすることが必要となる。

本事例編では，「内容のまとまりごとの評価規準」の考え方を踏まえた，「単元の目標」及び「単元の評価規準」の作成の仕方等について，事例1 単元「成年として自立した経済生活を営むには」を例として示す。

（1）単元の検討

学習指導要領に基づき，解説に示された配慮事項及び各内容の特質を踏まえるとともに，効果的な学習が展開できるよう，内容「A人の一生と家族・家庭及び福祉」から「Dホームプロジェクトと学校家庭クラブ活動」までの各内容項目や指導事項の相互の関連を図ることが大切である。その上で，指導する内容に関係する学校，地域の実態，生徒の興味・関心や学習経験を踏まえ，単元を設定するよう配慮する。

【設定した単元の例】

> 単元名 成年として自立した経済生活を営むには

（2）単元の目標の設定

単元の目標は，学習指導要領に示された科目の目標並びに単元で指導する項目及び指導事項を踏まえて設定する。

なお，以下に示した目標は，「C持続可能な消費生活・環境」の(1)「生活における経済の計画」ア及びイと(2)「消費行動と意思決定」ア及びイの指導事項の関連を図って設定している。

【単元「成年として自立した経済生活を営むには」の目標の例】

> (1) 自立した生活を営むために必要な家計の構造や生活における経済と社会との関わり，家計管理，消費生活の現状と課題，消費行動における意思決定の重要性，消費者保護の仕組みなどについて理解するとともに，生活情報の収集・整理が適切にできる。
>
> (2) 生涯を見通した生活における経済の管理や計画の重要性，自立した消費者として生活情報を活用し，適切な意思決定に基づいて行動することや責任ある消費について，問題を見いだして課題を設定し，解決策を構想し，実践を評価・改善し，考察したことを論理的に表現するなどして，課題を解決する力を身に付ける。
>
> (3) 様々な人々と協働し，よりよい社会の構築に向けて，生活における経済の管理や計画の重要性，自立した消費者として生活情報を活用し，適切な意思決定に基づいて行動することや責任ある消費について，課題の解決に向けて主体的に取り組んだり，振り返って改善したりして，自分や家庭，地域の生活の充実向上をめざして実践しようとする。

（3）単元の評価規準の設定

　単元の評価規準は，「内容のまとまりごとの評価規準（例）」から単元において指導する項目及び指導事項に関係する部分を抜き出し，評価の観点ごとに整理・統合，具体化するなどして作成する。

　以下は，単元「成年として自立した経済生活を営むには」の「単元の評価規準」であり，「C持続可能な消費生活・環境」の(1)「生活における経済の計画」ア及びイと(2)「消費行動と意思決定」ア及びイの「内容のまとまりごとの評価規準(例)」を参考に設定している。

【単元「成年として自立した経済生活を営むには」の評価規準の検討例】

	知識・技能	思考・判断・表現	主体的に学習に取り組む態度
内容のまとまりごとの評価規準（例）	C（1）ア　家計の構造や生活における経済と社会との関わり，家計管理について理解している。	C（1）イ　生涯を見通した生活における経済の管理や計画の重要性について問題を見いだして課題を設定し，解決策を構想し，実践を評価・改善し，考察したことを根拠に基づいて論理的に表現するなどして課題を解決する力を身に付けている。	様々な人々と協働し，よりよい社会の構築に向けて，生活における経済の計画について，課題の解決に主体的に取り組んだり，振り返って改善したりして，地域社会に参画しようとするとともに，自分や家庭，地域の生活の充実向上を図るために実践しようとしている。
	C（2）ア　消費者の権利と責任を自覚して行動できるよう消費生活の現状と課題，消費行動における意思決定や契約の重要性，消費者保護の仕組みについて理解しているとともに，生活情報を適切に収集・整理できる。	C（2）イ　自立した消費者として，生活情報を活用し，適切な意思決定に基づいて行動することや責任ある消費について問題を見いだして課題を設定し，解決策を構想し，実践を評価・改善し，考察したことを根拠に基づいて論理的に表現するなどして課題を解決する力を身に付けている。	様々な人々と協働し，よりよい社会の構築に向けて，消費行動と意思決定について，課題の解決に主体的に取り組んだり，振り返って改善したりして，地域社会に参画しようとするとともに，自分や家庭，地域の生活の充実向上を図るために実践しようとしている。

単元の評	・家計の構造や生活における経済と社会との関わり，家計管理について理解している。 ・消費者の権利と責任を自覚して行動できるよう消費生	生涯を見通した生活における経済の管理や計画の重要性，自立した消費者として，生活情報を活用し，適切な意思決定に基づいて行動することや責任ある消費について問題を	様々な人々と協働し，よりよい社会の構築に向けて，生活における経済の管理や計画の重要性，自立した消費者として生活情報を活用し，適切な意思決定に基づいて行動する

価規準	活の現状と課題，消費行動における意思決定や契約の重要性，消費者保護の仕組みについて理解するとともに，生活情報を適切に収集・整理できる。	見いだして課題を設定し，解決策を構想し，実践を評価・改善し，考察したことを根拠に基づいて論理的に表現するなどして課題を解決する力を身に付けている。	ことについて，課題の解決に主体的に取り組んだり，振り返って改善したりして，自分や家庭，地域の生活の充実向上を図るために実践しようとしている。

（4）単元の評価規準の学習活動に即した具体化の検討

①「内容のまとまりごとの評価規準（例）」の具体化の検討

　家庭科の各科目の授業において評価を行う際には，学習指導要領における各内容の各項目及び指導事項を，学習活動に即して具体化する必要がある。

　そこで，「単元の評価規準」の基となっている「内容のまとまりごとの評価規準（例）」を，次のポイントに留意して具体化する。

【「『内容のまとまりごとの評価規準（例）』を具体化した例」を作成する際のポイント】

（1）知識・技能

・「知識」については，内容のまとまりごとの評価規準の作成において述べたように，その文末を，「〜について理解している」，「〜について理解を深めている」として，評価規準を作成する。

・「技能」については，内容のまとまりごとの評価規準の作成において述べたように，その文末を，「〜を身に付けている」，「…情報の収集・整理ができる」として，評価規準を作成する。

（2）思考・判断・表現

・「思考・判断・表現」については，内容のまとまりごとの評価規準の作成において述べたように，教科及び科目の目標の(2)に示されている学習過程に沿って，各単元において，次に示す四つの評価規準を設定し，評価することが考えられる。ただし，これらの評価規準は，各単元の構成に応じて適切に位置付けることに留意することが必要である。

・具体的には，①家庭や地域及び社会における生活の中から問題を見いだし，解決すべき課題を設定する力については，その文末を「〜について問題を見いだして課題を設定している」，②解決の見通しをもって計画を立てる際，生活課題について多角的に捉え，解決方法を検討し，計画，立案する力については，その文末を「〜について（実践に向けた計画を）考え，工夫している」，③課題の解決に向けて実践した結果を評価・改善する力については，その文末を「〜について，実践を評価したり，改善したりしている」，④計画や実践について評価・改善する際に，考察したことを根拠に基づいて論理的に表現する力については，その文末を「〜についての課題解決に向けた一連の活動について，考察したことを根拠に基づいて論理的に表現している」として，評価規準を設定することができる。

（3）主体的に学習に取り組む態度

・「主体的に学習に取り組む態度」については，「思考・判断・表現」と同様に，基本的には，内容のまとまりごとの評価規準の作成において述べたように，各単元の学習過程において三つの側面から評価規準を設定し，評価することが考えられる。ただし，これらの評価規準は，各単元の構成に応じて適切に位置付けることに留意することが必要である。

・具体的には，①粘り強さについては，その文末を「～について，課題の解決に主体的に取り組もうとしている」，②自らの学習の調整については，その文末を「～について，課題解決に向けた一連の活動を振り返って改善しようとしている」，③実践しようとする態度については，その文末を「～について（地域社会に参画しようとするとともに），自分や家庭，地域の生活の充実向上を図るために実践しようとしている」として，評価規準を設定することができる。

　上記作成する際のポイントにしたがって，「Ｃ持続可能な消費生活・環境」の(1)「生活における経済の計画」の「『内容のまとまりごとの評価規準（例）』を具体化した例」を示す。

【「Ｃ持続可能な消費生活・環境」の(1)「生活における経済の計画」】

	知識・技能	思考・判断・表現	主体的に学習に取り組む態度
内容のまとまりごとの評価規準（例）を具体化した例	・家計の構造や生活における経済と社会との関わり，家計管理について理解している。	・生涯を見通した生活における経済の管理や計画の重要性について問題を見いだして課題を設定している。 ・生涯を見通した生活における経済の管理や計画の重要性について考え，工夫している。 ・生涯を見通した生活における経済の管理や計画の重要性について，実践を評価したり，改善したりしている。 ・生涯を見通した生活における経済の管理や計画の重要性についての課題解決に向けた一連の活動について，考察したことを根拠に基づいて論理的に表現している。	・様々な人々と協働し，よりよい社会の構築に向けて，生活における経済の計画について，課題の解決に主体的に取り組もうとしている。 ・様々な人々と協働し，よりよい社会の構築に向けて，生活における経済の計画について，課題解決に向けた一連の活動を振り返って改善しようとしている。 ・様々な人々と協働し，よりよい社会の構築に向けて，地域社会に参画しようとするとともに，生活における経済の計画について，自分や家庭，地域の生活の充実向上を図るために実践しようとしている。

② 単元の評価規準を学習活動に即して具体化

　上記に示した「Ｃ持続可能な消費生活・環境」の(1)「生活における経済の計画」の「『内容のまとまりごとの評価規準（例）』を具体化した例」を基に，解説における記述等を参考に学習活動に即して，具体的な評価規準を設定する。以下は，事例１　単元「成年として自立した経済生活を営むには」を例に示したものである。

　これらを設定することにより，目標に照らして生徒の学習状況を把握することができる。

<table>
<tr><th></th><th>知識・技能</th><th>思考・判断・表現</th><th>主体的に学習に取り組む態度</th></tr>
<tr>
<td rowspan="1">単元「成年として自立した経済生活を営むには」の評価規準</td>
<td>
・契約するときの注意点，契約における未成年と成年の法律上責任の違いについて理解している。
・クーリング・オフ制度の他，契約がキャンセルできる場合を理解している。
・給料の仕組み，家計の構造（可処分所得，非消費支出）について理解している。
・多様な契約の仕組みや使い方を理解している。
・国民生活センターや消費生活センターのホームページから，財やサービスに関する正確な情報，被害防止策についての情報を適切に収集・整理できる。
・消費者の権利と責任について理解している。
</td>
<td>
・生活における経済の管理や計画の重要性，自立した消費者として，適切な意思決定に基づいて行動することなどについて，問題を見いだして課題を設定している。
・生涯を見通した生活における経済の管理や計画の重要性について，ライフステージと関連付けて，課題解決に向けて考え，工夫している。
・自立した消費者として，生活情報を活用し，適切な意思決定に基づいて行動することについて問題を見いだして課題を設定し，課題解決に向けて考え，工夫している。
・自立した消費者として，生活情報を活用し，適切な意思決定に基づいて行動することについて，実践を評価したり，改善したりしている。
・自立した消費生活を営むために，家計の管理や計画，適切な意思決定に基づいて行動することなどについての課題解決に向けた一連の活動について，考察したことを論理的に表現している。
</td>
<td>
・自らの消費行動における意思決定や契約の重要性について，課題の解決に主体的に取り組もうとしている。
・生涯を見通した経済の管理や計画の重要性について，課題の解決に主体的に取り組もうとしている。
・キャッシュレス化の進行による家計管理や計画の重要性について，課題解決に主体的に取り組み，解決に向けた一連の活動を振り返って改善しようとようとしている。
・消費行動における意思決定や契約の重要性について，課題解決に向けた一連の活動を振り返って改善しようとしている。
・自立した消費者として消費者の権利と責任や消費者問題に関心をもち，適切な意思決定に基づいて行動することについて，課題の解決に主体的に取り組んだり，振り返って改善したりして，自分や家庭，地域の生活の充実向上に向けて実践しようとしている。
</td>
</tr>
</table>

第2章 学習評価に関する事例について

1 事例の特徴

　第1編第1章2（4）で述べた学習評価の改善の基本的な方向性を踏まえつつ，平成30年に改訂された高等学校学習指導要領の趣旨・内容の徹底に資する評価の事例を示すことができるよう，本参考資料における事例は，原則として以下のような方針を踏まえたものとしている。

○　単元に応じた評価規準の設定から評価の総括までとともに，生徒の学習改善及び教師の指導改善までの一連の流れを示している

　　本参考資料で提示する事例は，単元の評価規準の設定から評価の総括までとともに，評価結果を生徒の学習改善や教師の指導改善に生かすまでの一連の学習評価の流れを念頭においたものである。なお，観点別の学習状況の評価については，「おおむね満足できる」状況，「十分満足できる」状況，「努力を要する」状況と判断した生徒の具体的な状況の例などを示している。「十分満足できる」状況という評価になるのは，生徒が実現している学習の状況が質的な高まりや深まりをもっていると判断されるときである。

○　観点別の学習状況について評価する時期や場面の精選について示している

　　報告や改善等通知では，学習評価については，日々の授業の中で生徒の学習状況を適宜把握して指導の改善に生かすことに重点を置くことが重要であり，観点別の学習状況についての評価は，毎回の授業ではなく原則として単元や題材など内容や時間のまとまりごとに，それぞれの実現状況を把握できる段階で行うなど，その場面を精選することが重要であることが示された。このため，観点別の学習状況について評価する時期や場面の精選について，「指導と評価の計画」の中で，具体的に示している。

○　評価方法の工夫を示している

　　生徒の反応やノート，ワークシート，作品等の評価資料をどのように活用したかなど，評価方法の多様な工夫について示している。

2 各事例概要一覧と事例

事例1 キーワード 指導と評価の計画から評価の総括まで

「成年として自立した経済生活を営むには」

　本事例は，「Ｃ持続可能な消費生活・環境」の(1)「生活における経済の計画」ア及びイと(2)「消費行動と意思決定」ア及びイとの関連を図った単元である。成年として，健康・快適・安全かつ持続可能な自立した消費生活を営むための【単元全体を貫く課題】を設定するとともに，「家計管理」，「キャッシュレス決済の仕組み，使い方」，「若年者によくある消費者被害」の三つの課題を設定して，一連の問題解決的な学習過程を繰り返す。単元の指導と評価の計画を示すとともに，多様な評価方法，観点ごとの配慮事項，観点別評価の総括の考え方などについて示している。

事例2 キーワード 「思考・判断・表現」の評価

「生涯を見通して，自分らしい人生をつくる」

　本事例は，「Ａ人の一生と家族・家庭及び福祉」の(1)「生涯の生活設計」のア及びイと(2)「青年期の自立と家族・家庭」のア及びイの関連を図った事例である。生涯を見通し，自立した生活を営むために【単元全体を貫く課題】を設定するとともに，様々な生活課題に対応して適切に意思決定を繰り返しながら生活設計を作成する学習過程における「思考・判断・表現」の評価方法や評価の時期について示している。

事例3 キーワード 「知識・技能」「主体的に学習に取り組む態度」の評価，
　　　　　　　　　「Ｃ持続可能な消費生活・環境（3）持続可能なライフスタイルと環境」との
　　　　　　　　　関連

「食生活と健康」

　本事例は，「Ｂ衣食住の生活の自立と設計」の(1)「食生活と健康」のア及びイとの関連を図った事例である。また，平成30年改訂学習指導要領において，日本の生活文化の継承・創造等に関する内容の充実が図られていることから，「Ｃ持続可能な消費生活・環境」の(3)「持続可能なライフスタイルと環境」に関連する内容も位置付けている。【単元全体を貫く課題】を設定するとともに，持続可能かつ，健康で環境に配慮したよりよい食生活を実現するための五つの課題を設定して，解決に向けて取り組む一連の学習過程における「知識・技能」及び「主体的に学習に取り組む態度」の評価方法や評価の時期について示している。

事例4 キーワード 「思考・判断・表現」「主体的に学習に取り組む態度」の評価

「ホームプロジェクトと学校家庭クラブ活動」

　本事例は，「Ｄホームプロジェクトと学校家庭クラブ活動」のア及びイとの関連を図った事例である。自己の家庭生活や中から課題を見いだし，課題解決を目指して主体的に計画を立てて実践する問題解決的な学習過程における「思考・判断・表現」及び「主体的に学習に取り組む態度」の評価方法や評価の時期について示している。

家庭科　　事例1（家庭基礎）

キーワード　指導と評価の計画から評価の総括まで

単元名	内容のまとまり
成年として自立した経済生活を営むには	C　持続可能な消費生活・環境 (1)　生活における経済の計画 (2)　消費行動と意思決定

　この単元は，「C　持続可能な消費生活・環境」の(1)「生活における経済の計画」ア及びイと(2)「消費行動と意思決定」ア及びイとの関連を図っている。単元のはじめに，改正民法の施行により，（令和4年4月1日から）18歳成年となることを踏まえて，成年となると何が変わるのかを理解するとともに，自分の生活を想起して財やサービスの購入や消費行動の課題を設定し，「生活における経済の計画」や「消費行動と意思決定」に関わる知識及び技能を身に付け，課題を解決する力を養い，自立した消費者として適切な意思決定に基づいた責任のある消費行動を工夫し創造しようとする実践的な態度を育成することをねらいとしている。

　本事例は，「指導と評価の計画から評価の総括まで」について具体的に示している。

1　単元の目標

(1)　自立した生活を営むために必要な家計の構造や生活における経済と社会との関わり，家計管理，消費生活の現状と課題，消費行動における意思決定の重要性，消費者保護の仕組みなどについて理解するとともに，生活情報の収集・整理が適切にできる。

(2)　生涯を見通した生活における経済の管理や計画の重要性，自立した消費者として生活情報を活用し，適切な意思決定に基づいて行動することや責任ある消費について，問題を見いだして課題を設定し，解決策を構想し，実践を評価・改善し，考察したことを論理的に表現するなどして，課題を解決する力を身に付ける。

(3)　様々な人々と協働し，よりよい社会の構築に向けて，生活における経済の管理や計画の重要性，自立した消費者として生活情報を活用し，適切な意思決定に基づいて行動することについて，課題の解決に向けて主体的に取り組んだり，振り返って改善したりして，自分や家庭，地域の生活の充実向上を図るために実践しようとする。

2　単元の評価規準

知識・技能	思考・判断・表現	主体的に学習に取り組む態度
・家計の構造や生活における経済と社会との関わり，家計管理について理解している。 ・消費者の権利と責任を自覚して行動できるよう消費生活の現状と課題，消費行動における意思決定や契約の重要性，消費者保護の仕組みについて理解するとともに，生活情報を適切に収集・整理できる。	生涯を見通した生活における経済の管理や計画の重要性，自立した消費者として，生活情報を活用し，適切な意思決定に基づいて行動することや責任ある消費について問題を見いだして課題を設定し，解決策を構想し，実践を評価・改善し，考察したことを根拠に基づいて論理的に表現するなどして課題を解決する力を身に付けている。	様々な人々と協働し，よりよい社会の構築に向けて，生活における経済の管理や計画の重要性，自立した消費者として生活情報を活用し，適切な意思決定に基づいて行動することについて，課題の解決に主体的に取り組んだり，振り返って改善したりして，自分や家庭，地域の生活の充実向上を図るために実践しようとしている。

3　指導と評価の計画（10 時間）

時間	ねらい・学習活動	※重点1	※記録2	備考（・は評価規準，＊は指導上の留意点を示す）
1	**18 歳で大人?―大人として自立した消費者とは―** 【ねらい】自立した消費者をめざして自分の消費生活について問題を見いだし，課題を設定することができる。 ・成年（18 歳）に達すると何ができるようになるのか，生活事象全般にどのような変化が生じるのかについて話し合い，自立した消費者になるための消費生活の課題を設定して学習の見通しをもつ。 **【単元全体を貫く課題】** 成年として，健康・快適・安全かつ持続可能な自立した消費生活を営むためには，何がどのようにできるようになればよいのだろうか。 ・振り返りシート（1 枚ポートフォリオ）に「学習のまとめ」と「今日の振り返り」を記入する。〔例 3〕	思①		・生活における経済の管理や計画の重要性，自立した消費者として，適切な意思決定に基づいて行動することなどについて，問題を見いだして課題を設定している。　　　　　　　ワークシート ＊様々な生活事象を例示し，何ができるようになるのか，変わらないものは何か，それはなぜかを問い掛け，成年とみなされる年齢が迫っていることを自覚させる。 ＊意思決定の力を鍛えるための<u>単元全体を貫く課題</u>を明示する。 ＊授業終了時に振り返りのテーマに沿って「学習のまとめと振り返り」を記入させ，「指導に生かす評価」として用いる。 ┌─**振り返りのテーマ**─┐ 成年になるとどのような責任が生じるか考えよう。
2	**契約で成り立つ消費生活** 【ねらい】消費行動における意思決定や契約の重要性について理解することができる。 ・売買契約をはじめとする様々な契約の事例から，契約の成立条件，契約における権利と義務について整理する。 ・セミナー商法の消費者トラブル事例の背景や問題点を話し合い，未成年と成年の法律上の責任の違いについてまとめる。 ・「学習のまとめ」と「今日の振り返り」を記入する。	知① 態①	（★）	・契約するときの注意点，契約における未成年と成年の法律上の責任の違いについて理解している。　　　　ワークシート，（定期考査※3） ＊高校生にとって身近な消費場面を示し，自分の消費行動と結び付けて考え，理解できるようにする。 ・自らの消費行動における意思決定や契約の重要性について，課題の解決に主体的に取り組もうとしている。　　　　　　振り返りシート，行動観察 ┌─**振り返りのテーマ**─┐ 契約では，どのようなところにトラブルが生じるのか考えてみよう。
3	**契約を解除できる条件** 【ねらい】消費者保護の仕組みを理解することができる。 ・若者に多い契約トラブルの現状と課題，クーリング・オフの条件と手段，安全で豊かな消費生活を送るための法制度についてまとめる。 ・「学習のまとめ」と「今日の振り返り」を記入する。	知② 態①	（★）	・クーリング・オフ制度の他，契約がキャンセルできる場合を理解している。　　　ワークシート，（定期考査〔例 1〕） ＊消費者被害の未然防止の重要性や具体的な救済方法について理解できるようにする。 ・自らの消費行動における意思決定や契約の重要性について，課題の解決に主体的に取り組もうとしている。　　　　　　振り返りシート，行動観察 ┌─**振り返りのテーマ**─┐ ネットショッピングをする時の注意点を考えよう。

第3編
事例1

	家計とその特徴，家計管理 課題1 【ねらい】家計の構造，家計管理について理解し，ライフステージと関連付けた経済計画を考えることができる。				
4・5	・20代の給与明細と1か月に使う生活費のおよその平均額を比較・分析し，家計の構造，税金や社会保障制度との関わりについてまとめる。	知③	(★)	・給料の仕組み，家計の構造(可処分所得，非消費支出)について理解している。 ワークシート，(定期考査)
	・1か月の家計をシミュレーションし，自由に使えるお金には限りがあること，ライフイベントや不測の事態に備えた生涯を見通した家計管理の重要性に気付く。	思②	○	・生涯を見通した生活における経済の管理や計画の重要性について，ライフステージと関連付けて，課題の解決に向けて考え，工夫している。 ワークシート ＊健康・快適・安全な生活を維持・継続するためには一定の支出が伴うことや家計管理において持続可能性とのバランスをどのようにとることが望ましいのかを考えるためには，各自がどのような生き方やライフスタイルを選択するのかを考えて行動・実践することが重要であることに気付かせる。
	・「学習のまとめ」と「今日の振り返り」を記入する。	態②		・生涯を見通した経済の管理や計画の重要性について，課題の解決に主体的に取り組もうとしている。 振り返りシート，行動観察
					┌ **振り返りのテーマ** ライフイベントにおいて，どれくらいの出費が必要なのかを知り，それに備えた計画を考えよう。 ┘
	キャッシュレス決済の仕組み，使い方 課題2 【ねらい】キャッシュレス決済の特徴やクレジットカードの仕組みなど多様な契約について理解し，計画性のある使い方・合理的な使い方を考えることができる。				
6・7	・ロールプレイを通して，多様な契約の仕組みや使い方を理解する。	知④	(★)	・多様な契約の仕組みや使い方を理解している。 ワークシート，(定期考査) ＊返済不能になると将来にも影響する場合があることを認識させる。
	・様々なキャッシュレス決済のメリット・デメリットを書き出し，キャッシュレス決済のトラブルとその原因を考える。 ・キャッシュレス決済のトラブルについて，消費者市民としての行動を考える。 ・「学習のまとめ」と「今日の振り返り」を記入する。	思③	(★)	・自立した消費者として，生活情報を活用し，適切な意思決定に基づいて行動することについて問題を見いだして課題を設定し，課題の解決に向けて考え，工夫している。 (定期考査) ＊キャッシュレス決済について，合理的な使い方を考えさせる。
		態③		・キャッシュレス化の進行による家計管理や計画の重要性について，課題の解決に主体的に取り組み，解決に向けた一連の活動を振り返って改善しようとしている。 振り返りシート，行動観察
					┌ **振り返りのテーマ** 自分や周囲の人が，キャッシュレス決済のトラブルに遭わないための心がけや行動を考えよう。 ┘
	若年者によくある消費者被害 課題3 【ねらい】若年者に多い消費者被害について，トラブルが起こる背景や問題点，消費行動における意思決定の重要性について消費者の権利と責任と関連付けて理解し，トラブルの対応策について考えることができる。				
8・9	・各グループが担当する消費者被害の事例について，消費者行政のホームページにアクセスして情報を収集し，そのような事態が発生した原因や背景を分析する。	知⑤		・国民生活センターや消費生活センターのホームページから，財やサービスに関する正確な情報，被害防止策についての情報を適切に収集・整理している。 ワークシート
		知⑥	(★)	・消費者の権利と責任について理解している。 ワークシート，(定期考査〔例1〕)

			重点	記録	備考
		・消費者の権利と関連付けて適切な対応の仕方について考え，話し合う。			*地域の最新のデータに基づいた切実感のある「事実」について，消費生活センターなどの専門的に把握している連携先と協働することで，生徒にとってリアリティのある事例を授業で取り上げることができる。 *消費者行政のホームページにアクセスした経験が，今後消費者問題に遭遇した時の解決策につながると考えられる。
		・クラウド型グループウェアの共有ドキュメント上で，各グループが担当した事例の勧誘・販売方法の特徴や問題点を共有して共通点を探す。 ・グループで未然防止のポイントについて考えをまとめ，全体で発表し合う。 ・発表をもとに，若者に多い消費者被害を未然防止するための共通する考え方やポイント(原理・原則)についてまとめる。 ・「学習のまとめ」と「今日の振り返り」を記入する。	思④ 態④		・自立した消費者として，生活情報を活用し，適切な意思決定に基づいて行動することについて，実践を評価したり，改善したりしている。 **ワークシート，行動観察** *まず一人で考え，グループで話し合い，よりよい対応の仕方を考える。その際，タブレット端末等ICTを活用することで，効率的に全体共有ができ，多面的・多角的な視点から効果的に学習を進めることができるようにする。 *消費者の権利が侵害されている状況に敏感に気付くセンスを磨き，自分だけでなく周囲にもアドバイスできるような知識や視点，責任ある消費者として行動できる実践力を身に付けられるようにする。 ・消費行動における意思決定や契約の重要性について，課題の解決に向けた一連の活動を振り返って改善しようとしている。**振り返りシート，行動観察** ┌──────────────────┐ **振り返りのテーマ** 消費者被害に遭わないために気を付けることをまとめよう。 └──────────────────┘

┌───┐
成年として自立した消費者になるために
【ねらい】自立した消費者として適切な意思決定に基づいて行動することや責任ある消費について考え，工夫することができる。
└───┘

			重点	記録	備考
10		・個人で消費者トラブルの問題解決に取り組み，自立した消費者として社会への影響を意識した責任ある消費行動について考える。	思⑤	○	・自立した消費生活を営むために，家計の管理や計画，適切な意思決定に基づいて行動することなどについての課題解決に向けた一連の活動について，考察したことを論理的に表現している。 **家庭基礎レポート(パフォーマンス課題)〔例2〕**
		・自立した消費者になるために自分が今できることを考え，行動目標を立てる。	態⑤	○	・自立した消費者として消費者の権利と責任や消費者問題に関心をもち，適切な意思決定に基づいて行動することについて，課題の解決に主体的に取り組んだり，振り返って改善したりして，自分や家庭，地域の生活の充実向上に向けて実践しようとしている。**家庭基礎レポート(振り返り)〔例4〕**

※1　重点…重点的に生徒の学習状況を見取る観点。ただし，重点としていない観点についても，教師の指導の改善や生徒の学習改善に生かすために，生徒の学習状況を確認することは重要である。

※2　記録…備考に記入している単元の評価規準に照らして，全員の学習状況を「記録に残す評価」に○を付す。定期考査により「記録に残す評価」とする箇所には，(★)を付す。

※3　定期考査については，ある程度の内容のまとまりについて(例えば，学期末考査として複数の単元の学習終了後に)実施する。

4　観点別学習状況の評価の進め方

　ここでは，本単元における3観点の評価の進め方について紹介する。

（1）知識・技能

　この単元では，家計の構造や生活における経済と社会の関わり，消費生活の現状と課題，消費行動における意思決定や契約の重要性，消費者保護の仕組みについて理解しているとともに，生活情報を適切に収集・整理できているかなどについて評価する。具体的な評価の方法としては，定期考

査において，事実的な知識の習得を問う問題と，知識の概念的な理解を問う問題とのバランスに配慮するなどの工夫改善を図るだけでなく，例えば，生徒が文章による説明をしたり，表やグラフで表現したりするなど，実際に学習によって習得した知識・技能を活用する場面を設けるなど，多様な方法を適切に取り入れていくことが考えられる。

本事例では，単元を通して「知識・技能」に関する「ワークシートの記述」は，「指導に生かす評価」として授業中の指導の改善に生かすために用い，ある程度の内容のまとまりについて定期考査を実施し，「記録に残す評価」とした。

ここでは，評価規準②，⑥を評価するために実施した，知識の概念的な理解を問う定期考査の問題例を紹介する。

知識の概念的な理解を問う定期考査問題例　〔例1〕

> [問題]
> 注文もしていない本がAさんのもとに送られてきた。同封の手紙には，「1週間以内に商品を返送しなければ購入したものとみなす」などと記されていたが，Aさんは放っておいた。
>
> （1）次の①〜③のうち正しい説明を選び，選択の理由を述べなさい。〔知②〕
> 　①放置していたAさんには，代金支払いの義務が発生する。
> 　②代金支払い義務までは負わないが，商品は返送しなければならない。
> 　③代金支払い義務も商品を返送する義務もない。商品は直ちに処分することができる。
>
> （2）このような消費者トラブルにあった時に，地域の消費生活センターや消費者ホットライン188番に相談する意義は何か，述べなさい。〔知⑥〕

> [（1）の解答例]　③
> 〔理由〕　一方的に送りつけられただけでは<u>売買契約は成立していない</u>ので，代金の支払いも返送の必要もない。
>
> [（2）の解答例]
> 消費者トラブルにあった場合，あきらめて行動しないでいると，トラブルや不正な取引が続いて被害がどんどん広がっていく。しかし，消費生活センターに相談することで，トラブルの解決方法を知り対処できる。

この事例は，商品を受け取った，箱を開けた，だから支払わなければならない，という消費者の心理を利用して代金を支払わせようとする「送り付け商法（ネガティブ・オプション）」である。理由の記述に関する解答のポイントは2点ある。

①契約は，申し込みと承諾という互いの意思表示の合致により成立する。

②事業者と消費者の間には，情報や交渉力に格差が存在するため，その格差是正のために消費者支援・消費者保護の仕組みがある。本事例の場合，「特定商取引きに関する法律」に，本（商品）の保管義務や所有権について，消費者を保護する仕組みが規定されている。

定期考査等の穴埋め問題，例えば「（　）商法」のように（　）に当てはまる語句を答えることができても，商品や手法を変えて新たな問題のある商法が現れた時に，その「知識」が役に立つとは限らない。重要なことは，実際に生徒が消費行動における意思決定を行う場面で，売買契約の原理・原則を踏まえて批判的・分析的に考え，判断するまでに理解を深めているかということである。「知識・技能」においては，こうした転移（応用）可能な概念を評価することができる定期考査等の工夫を意識的に行っていくことが求められる。

（1）の解答例については，売買契約は成立していないことを，筋道を立てて述べており，記述

内容から契約がキャンセルできることを理解していると読み取れるため，「おおむね満足できる」状況（B）と判断できる。なお，法律に基づき，商品を開封したり処分したりしても金銭の支払いは不要であることなどについて述べている場合には，「十分満足できる」状況（A）と判断することができる。

　（2）の解答例については，消費生活センターに相談することで，自分のトラブルの解決方法を知り，対処できることを述べており，消費者の権利と責任について理解していることが記述内容から読み取れるため，「おおむね満足できる」状況（B）と判断できる。加えて，相談した情報が国や都道府県に伝わり，悪質な業者が罰せられたり法律ができたりして，消費者が安心・安全に暮らせる社会に変わっていく等の記載が見られた場合には，「十分満足できる」状況（A）と判断することができる。

（2）思考・判断・表現

　本単元では，第1時に，健康・快適・安全かつ持続可能な社会を見通して，成年として自立した消費生活を営むための課題を設定して本単元の学習の見通しをもつとともに，その解決に向けて，第4時以降に「家計とその特徴，家計管理」，「キャッシュレス決済の仕組み，使い方」，「若年者によくある消費者被害」の三つの課題を設定している。これら一連の問題解決的な学習過程の中で，生涯を見通して課題を解決する力（①問題を見いだして課題を設定する，②様々な解決方法を検討し，計画，立案する，③実践を評価・改善する，④考察したことを根拠に基づいて論理的に表現する）が身に付いているかを評価する。

　この観点で評価する資質・能力は時間をかけて伸びていくものであるため，評価規準①については，1時間目に「成年になるとどのような責任が生じるか考えよう」というテーマに対する自分の考えをワークシートに記述させ，「指導に生かす評価」としている。18歳で成年に達すると，「自分一人で契約ができ，契約には責任が伴う」ことに対して，現在の自分の消費生活や消費行動とのズレや葛藤，対立する感情などに揺さぶりをかけ，消費生活に関わって自分には「知らないこと・できていないことがある」ことを認識しているかどうかを中心に，ワークシートの記述の確認を行い，この後の学習につなげる。第4時以降の三つの学習課題に取り組む学習活動の中で，評価規準②と③は「記録に残す評価」に，評価規準④は「指導に生かす評価」としている。ここでは，行動観察やワークシートの記述内容から主に「努力を要する」状況（C）と判断される生徒を把握して，生徒全員が思考を深めていく授業の流れを大切にしながら，学びを進展・改善させたり，学習の方法をつかませたりするなどの手立てを講じ，指導に生かしていく。その上で，単元のまとめとして第10時にパフォーマンス課題〔例2〕を設定し，評価規準⑤で「記録に残す評価」を行っている。

【「思考・判断・表現」評価規準⑤について】

　第10時には，単元のまとめとして，授業中に取り組む「家庭基礎レポート」に次のような課題を設定して，評価を行った。なお，課題を提示する際には，「授業で学んだ知識を使うこと」「自分の考えも述べること」「具体例を挙げること」といった簡単な規準を生徒に示している。

　以下は，生徒のレポート例である。生徒Kは，事業者側の情報を過信することなく，批判的思考に裏付けて意思決定できている。また，被害にあった際の解決策として，身近な大人や消費生活センターへの相談を挙げ，具体的な場面を明示してどう行動すべきか，断るべきかを記していること

から，「おおむね満足できる」状況（B）と判断した。なお，これまでに学習してきた契約の重要性や消費者保護の仕組みなどに関する「知識・技能」を生かして，客観的・批判的に分析し，消費者被害の特徴を多面的・多角的に捉えていたり，様々な問題点と関連付けながら解決策・対応策や断るための言い方を具体的に考察し，根拠や理由を明確にして筋道を立てて述べたりしている場合には，「十分満足できる」状況（A）と判断できる。

生徒Kの家庭基礎レポートの一部（パフォーマンス課題）〔例２〕

私は，高校時代に悪質商法や契約について学んだにもかかわらず，下のような消費者被害に引っかかってしまいました。後で冷静になって考えると避ける方法はいくらでもあったのに，今になって後悔しています。今後どのように行動したらよいか，5月の時点として考えてください。

消費者被害の内容

私は 18 歳の大学生。友人から「投資で稼げるようになる ビジネススクールがある。」と誘われ，興味をもち，カフェで代表者から入会条件や成功談を聞いた。

「契約時に 10 万円，月謝で 2 万円がかかるが，4 人紹介すれば月謝は免除される。1 人紹介すれば紹介料 5 万円を払うので元が取れる。」と言われた。"これならすぐに儲かる"と思い，指示されたとおり書類に記入し，学生ローンに連れて行かれお金を借り，入会した。

何回かスクールに通ったが儲からず止めたくなった。しかし，代表者に伝えたら，「止めるなら解約金は 5 万円だ。」と言われた。
①この事例の問題点
②解決策・対応策(具体的にどうする?)
③どの場面でゆっくり考えたり，確かめたりする必要があったでしょうか。また，断るための言い方を考えましょう。

思考・判断・表現⑤
※「おおむね満足できる」状況（B）と判断した生徒Kの具体的な例

①この事例の問題点

指示されたとおりに書類に記入してしまった。学生ローンに連れて行かれ，お金を借りて入会した。友人からの誘いで油断している。

②解決策・対応策（具体的にどうする，どこに相談するなど）

おかしいと感じたら，すぐに返事をせずに，信頼できる大人（親や先生など）に相談したり，消費生活センターなどに相談したりする。

③どの場面でゆっくり考えたり，確かめたりする必要があったか。断るための言い方。

書類に記入する前に，本当に記入しても大丈夫なのかをよく考える。友人に誘われた時に，それは本当にあるのか，大丈夫なのかを確かめる必要があった。「そういうのは，危なそうだからやめておく。」と言う。

思考・判断・表現⑤
※「十分満足できる」状況（A）と判断した生徒Mの具体的な例

①この事例の問題点

もう 18 歳になっているので，未成年者取消権で守られていない。しかし，友人の誘いに乗り，高収入につられてカフェに行ってしまった。安易に書類に記入し，ローンを組み借金までして入会してしまっている。4 人紹介すれば月謝が免除され，一人紹介すれば紹介料がもらえて元が取れると言っているけれど，友人を誘うとこれからの人間関係を壊す恐れがある。楽に稼げるとかたくさんの収入を稼げると言いながら，先に 10 万円の支払いを要求している部分には，おかしさを感じる。メリットのみを聞かされているけれど，そんなにうまい話はないと思う。

②解決策・対応策（具体的にどうする，どこに相談するなど）

被害に遭ってしまっているので，すぐに近くの消費生活センターに行って，解約できないか相談する。自分が行動することで，同じような被害が拡がることを防ぐことにつながるから，絶対に泣き寝入りしない。被害に遭う前に，知らされていないデメリットがないかどうか考えて，分からないことがある時は理解できるまで確認する。おかしいと感じたら，すぐに返事をせず，信頼できる大人（親や先生など）に相談したり，消費生活センターなどに相談して，ビジネススクールの情報や評判を確認したらよかった。

③どの場面でゆっくり考えたり，確かめたりする必要があったでしょうか。また，断るための言い方を考えましょう。

友人から誘われた時，「怪しいから，やめておく。」「ちょっと考えさせて」とか，「投資はよく分からないし，ややこしそうだからやめておく。ごめんね。」と，私はしないということをはっきりと伝えて断る。

※ パフォーマンス評価は，学習者が与えられたパフォーマンス課題を解決する過程を評価対象とし，パフォーマンス課題と評価規準によって構成される。パフォーマンス課題とは，「学習者のパフォーマンスによって高次の学力を評価しようとする課題であり，より複雑で現実的な場面や状況で知識・技能を使いこなすことを求める課題」である。

（3）主体的に学習に取り組む態度

「主体的に学習に取り組む態度」の評価に際しては，単に継続的な行動や積極的な発言を行うなど，性格や行動面の傾向を評価するということではなく，家庭科の「主体的に学習に取り組む態度」に係る観点の趣旨に照らして評価する。この単元では，「(1)生活における経済の計画」「(2)消費行動と意思決定」に関する基礎的・基本的な知識及び技能を身に付けたり，様々な人々と協働し，よりよい社会の構築に向けて，生活における経済の管理や計画の重要性，自立した消費者として生活情報を活用し，適切な意思決定に基づいて行動することについて考え，工夫する際に，①粘り強く

取り組んでいるか、②それらに関する学習の進め方について振り返るなど、自らの学習を調整よう
としているかについて評価する。さらに、様々な人々と協働し、よりよい社会の構築に向けて、健
康・安全・快適かつ持続可能な社会の構築の視点から、③自立した消費者として、自分や家庭、地
域の生活の充実向上に向けて実践しようとしているかについて評価する。

　評価規準①～④については、行動観察や振り返りシート（1枚ポートフォリオ）〔例3〕を用いて
生徒の学習状況を継続的に確認して「指導に生かす評価」とするとともに、単元や学年末の評価を
決定する際の参考資料としている。

第3編
事例1

振り返りシート（1枚ポートフォリオ）〔例3〕

家庭基礎　「成年として自立した経済生活を営むこととは」振り返りシート

【単元全体を貫く課題】
成年として、健康・快適・安全かつ持続可能な自立した消費生活を営むためには、何がどのようにできるようになればよいのだろうか。

■学習前の【単元全体を貫く課題】に対するあなたの考え　**Before**

> 単元を通して、最も押さえたい重要な内容に関わる問いに対する考え。
> 単元のはじめに見通しを立てさせることがポイント。

時間	主な学習内容		学習のまとめ	今日の振り返り（大切なことをまとめよう）
第1時	18歳で大人？	……題材の途中で、形成的評価を行い、適切に指導する。		
第2、3時	「契約」とは		大事なこと、分からないこと、疑問に思ったこと、友達の意見から新たに発見した（気付いた）ことなど、学習活動時にメモとして生徒に自由に記述させる。	**生徒の認知過程の可視化** 授業終了時に、教員が提示した「振り返りのテーマ」に対する自分の考えをまとめ、記述させる。 ↓ 自立した消費者に向かう生徒の変容や学習状況、指導目標とのズレがないかを確認し、次時の指導に生かす。
第4、5時	収入と支出をどう管理する？（家計シミュレーション）			
第6、7時	お金がなくても商品が買える（キャッシュレス決裁の仕組み）			
第8、9時	若者に多い消費者トラブル			
第10時	家庭基礎レポートに取り組もう			

■学習後の【単元全体を貫く課題】に対する考え　**After**

> 単元を通して、最も押さえたい重要な内容に関わる問いに対する考え。

■学習を終えて（自己評価）

> 学習前・後と学習の過程を振り返って、何がどう変わったのか。また、自分の学習の意味づけなど、自分が考えたことについて記述させる。
> 学習の節目で、単元の学習を振り返る時間をしっかりと確保することが大切である。

　【単元全体を貫く課題】は、単元を通して最も押さえたい重要な内容（「生活の営みに係る見方・
考え方」を参考にすると良い）を問いの形で示している。学習前・後に【単元全体を貫く課題】に
対する生徒の考えを記入させることで、当該の学習内容に関する知識及び技能や生活を捉える視
点がどのように変容したのか等、生徒の理解や思考の質の深まり、広がりを確認することを目的と
している。

　「学習のまとめ」と「今日の振り返り（大切なことをまとめよう）」の記述からは、成年として自
立した消費者になることを自分事として意識し、主体的に粘り強く取り組もうとしているか、家計
シミュレーションやキャッシュレス決済のロールプレイ、消費者被害の事例研究の場面でうまく
できなかったことを振り返って改善しようとしているか等、自らの学習を調整しようとする側面

を確認する。

　①粘り強さと②自らの学習の調整の学びの姿は，相互に関わり合いながら立ち現れることに留意し，授業のまとめとして振り返る活動や主体的・協働的な学びの中で自らの学習を自己調整する機会を単元全体の学習活動の中に位置付けることで，①と②の二つの側面に継続的に働きかけ，「自ら学び，自ら考える力」を育成していく。

　評価規準⑤については，①粘り強さや②自らの学習の調整の側面は，第10時に行った「パフォーマンス課題」〔例2〕の記述内容から「思考・判断・表現」と一体的に評価する。その際，振り返りシート（1枚ポートフォリオ）〔例3〕を参考資料として用いることも考えられる。また，③実践しようとする態度の側面については，家庭基礎レポートに設けた振り返りを促す「問い」〔例4〕の記述内容を分析し，①から③を合わせて「記録に残す評価」とする。

家庭基礎レポートの一部（振り返り）〔例4〕

消費経済を学習して　みなさんは18歳で成年となります。成年になるまでの2年間（高校生）のうちに，「意思決定力」を身に付けるために，どのようなことを学んでおく必要があるでしょう。	「おおむね満足できる」状況（B）と判断した生徒の具体的な例	生徒E　もっと法律やお金の仕組みについて勉強しておく。生活情報を集めて，いろいろな情報の中から選択し，活用できるように<u>情報を見極める力</u>を付ける。<u>自分で判断する力</u>を付けたい。
	「十分満足できる」状況（A）と判断した生徒の具体的な例	生徒F　意思決定力をつけるには，いつもの生活の中で，友達などに誘われたりお願いされた時に，したくなかったり，嫌だと思うことはきちんと断ることが大切だと思った。<u>友達とどこかに行く時やみんなで考えたりする時，自分の意見をもってそれを伝えるようにしていこうと思う。</u>

※　なお，単に知識として蓄えておくだけでなく，具体的にどのように行動を変えていくかに言及している場合は「十分満足できる状況（A）」と判断できる。

5　観点別学習状況の評価の総括

　ここでは，単元の指導と評価に基づき，評価方法を工夫して行い，観点ごとに総括した事例を紹介する。

（1）単元の観点別評価の総括

　「知識・技能」，「思考・判断・表現」，「主体的に学習に取り組む態度」の観点ごとに示される観点別学習状況の評価は，家庭科の目標に照らした学習の実現状況を分析的に評価するものであり，生徒の学習の改善を促す資料となる。また，教員が指導の状況を把握して，授業の計画・実践を改善する資料としても活用することが目指される。

　本単元では，定期考査のように複数の単元が終了した時点で行う評価方法と，レポート，ワークシート，ノート，作品等，学習活動の過程で，教員が授業後に全員の評価を無理なく行うことができるように評価方法とのバランスを検討して，単元開始前に次のような評価計画を立てた。

表1　本事例の総括的な評価の計画

時　間	第2～9時	第5時	第10時	
単元の評価規準	知①～④・⑥，思③	思②	思⑤	態⑤
評価方法	定期考査	ワークシート	家庭基礎レポート（パフォーマンス課題）	家庭基礎レポート（振り返り）
評価時期	複数の単元が終了した時点で評価する	単元の学習活動内で評価する		

単元ごとの観点別評価としての総括

※ 本事例では，全ての評価方法(評価課題)を1単元内の学習内容で構成している。
※ 生活を包括的に捉える見方や考え方の変容を見取るため，複数の単元を横断した評価方法(評価課題)を設定することも考えられる。

家庭科における単元ごとの観点別学習状況の評価の評定への総括について，「第1編 総説 第2章(5)観点別学習状況の評価に係る記録の総括」に示された二つの方法とともに，各観点の達成状況を割合で示し，それを基に総括する方法を以下に例示する。

① 評価結果のＡ，Ｂ，Ｃの数を基に総括する場合（例1）

評価結果のＡ，Ｂ，Ｃの数を目安として，各観点の評価結果の数が多いものを総括した評価とする。従って，「知識・技能」はＡ，「思考・判断・表現」はＢ，「主体的に学習に取り組む態度」はＢの評価に総括できる。

表2 本事例における単元の観点別学習状況の評価の総括（例1）

成年として自立した経済生活を営むには		定期考査	ワークシート	家庭基礎レポート (パフォーマンス課題)	家庭基礎レポート (振り返り)	観点ごとの総括
評価の記録 生徒Gの	知識・技能	A				A
	思考・判断・表現	A	B	B		B
	主体的に学習に取り組む態度			Ⓑ	B	B

※ 主体的に学習に取り組む態度の評価のⒷは，パフォーマンス課題の結果に振り返りシート（1枚ポートフォリオ）や授業での行動観察も加えて，最終的に判断した評価結果を表している。

② 評価結果のＡ，Ｂ，Ｃを数値に置き換えて総括する場合（例2）

評価結果の数値によって表し，合計や平均することで総括する。上記の場合，Ａ＝3，Ｂ＝2，Ｃ＝1の数値で各観点の評価を数値化すると，「知識・技能」の平均値は 3.00，「思考・判断・表現」の平均値は 2.33，「主体的に学習に取り組む態度」の平均値は 2.00 となる。この場合に総括の結果をＢとする判断の基準を[1.5≦平均値≦2.5]とすると，「知識・技能」ではＡ，「思考・判断・表現」ではＢ，「主体的に学習に取り組む態度」ではＢの評価に総括できる。

表3 本事例における単元の観点別学習状況の評価の総括（例2）

成年として自立した経済生活を営むには		定期考査	ワークシート	家庭基礎レポート (パフォーマンス課題)	家庭基礎レポート (振り返り)	観点ごとの総括
評価の記録 生徒Gの	知識・技能	A（3）				A（3.00）
	思考・判断・表現	A（3）	B（2）	B（2）		B（2.33）
	主体的に学習に取り組む態度			Ⓑ（2）	B（2）	B（2.00）

※ 主体的に学習に取り組む態度の評価のⒷは，例1と同様の考え方で評価した結果である。
※ いずれかの評価を重視する場合は，あらかじめ評価計画作成時点において，例えば，重視したい評価について「Ａ＝6点，Ｂ＝4点，Ｃ＝2点」や「Ａ＝4点，Ｂ＝2点，Ｃ＝0点」とすることも考えられる。

③ 各観点の達成状況の割合から総括する方法（例3）

単元の各観点の達成状況を数値で表し，総括した評価とする。
表4は「3 指導と評価の計画」で記録に残す評価とした評価方法について，それぞれどのように配点したかを示している。

表4　本事例における3観点の配点計画

成年として自立した経済生活を営むには	定期考査	ワークシート	家庭基礎レポート (パフォーマンス課題)	家庭基礎レポート (振り返り)
知識・技能	30点			
思考・判断・表現	10点	10点	10点	
主体的に学習に取り組む態度			10点	5点

　また，これらを基に，生徒Gが表5に示した得点の時，単元の各観点の達成状況の割合は，「知識・技能」は80.0%，「思考・判断・表現」は66.7%，「主体的に学習に取り組む態度」は53.3%となる。この場合に総括の結果をBとする判断の基準を[50%≦達成状況の割合<80%]とすると，「知識・技能」はA，「思考・判断・表現」はB，「主体的に学習に取り組む態度」はBの評価に総括できる。なお，総括の結果をBとする判断の基準（達成状況の割合の範囲）は，各学校の実情に合わせて，予め設定しておく必要がある。

表5　本事例における単元の観点別学習状況の評価の総括（例3）

成年として自立した経済生活を営むには		定期考査	ワークシート	家庭基礎レポート (パフォーマンス課題)	家庭基礎レポート (振り返り)	観点ごとの総括
生徒Gの評価の記録	知識・技能	24/30 点				24/30 点 A(80.0%)
	思考・判断・表現	10/10 点	5/10 点	5/10 点		20/30 点 B(66.7%)
	主体的に学習に取り組む態度			5/10 点	3/5 点	8/15 点 B(53.3%)

　このほかにも，観点別学習状況の評価に係る記録の総括については，様々な考え方や方法があるため，各学校において工夫することが望まれる。

（2）学期末における観点別評価の総括

　学期末における観点別評価の総括については，単元ごとに総括した観点ごとの評価結果を基に行う場合と，学習過程における評価情報から総括する方法が考えられる。総括の方法としては，54～55ページに示した例1～例3の方法などが考えられる。

（3）学年末における観点別評価の総括

　学年末における観点ごとの総括については，学期末に総括した観点ごとの評価結果を基に行う場合と，単元ごとに総括した観点ごとの評価結果を基に行う場合などが考えられる。

家庭科　　事例2（家庭基礎）
キーワード　「思考・判断・表現」の評価

単元名	内容のまとまり
生涯を見通して，自分らしい人生をつくる	A　人の一生と家族・家庭及び福祉 （1）生涯の生活設計 （2）青年期の自立と家族・家庭

　この単元は，「A　人の一生と家族・家庭及び福祉」の(1)「生涯の生活設計」のア及びイと(2)「青年期の自立と家族・家庭」のア及びイの関連を図っている。生涯を見通して主体的に生活するために必要な基礎的な知識及び技能を身に付けるとともに，課題を解決する力や，生活の充実向上を図ろうとする実践的な態度を育成することをねらいとしている。

　本事例は，「思考・判断・表現」の評価について，評価方法を具体的に示している。

1　単元の目標

(1)　人の一生について，自己と他者，社会との関わりから様々な生き方があること，生涯発達の視点で青年期の課題を理解しているとともに，自立した生活を営むために必要な情報の収集・整理を行い，生涯を見通して，生活課題に対応し意思決定をしていくことの重要性や家族・家庭の機能と家族関係，家族・家庭生活を取り巻く社会環境の変化や課題，家族・家庭と社会の関わりについて理解を深める。

(2)　ライフスタイルと将来の家庭生活及び職業生活，家庭や地域のよりよい生活を創造するために，男女が協力して家族の一員としての役割を果たし家庭を築くことの重要性について，問題を見いだして課題を設定し，解決策を構想し，実践を評価・改善し，考察したことを根拠に基づいて論理的に表現するなど，生涯を見通して課題を解決する力を身に付ける。

(3)　様々な人々と協働し，よりよい社会の構築に向けて，生涯の生活設計や青年期の自立と家族・家庭について課題の解決に主体的に取り組んだり，振り返って改善したりして，地域社会に参画しようとするとともに，自分や家庭，地域の生活の充実向上を図るために，実践しようとする。

2　単元の評価規準

知識・技能	思考・判断・表現	主体的に学習に取り組む態度
・人の一生について，自己と他者，社会の関わりから様々な生き方があることを理解しているとともに，自立した生活を営むために必要な情報の収集・整理を行い，生涯を見通して，生活課題に対応し意思決定をしていくことの重要性について理解を深めている。 ・生涯発達の視点で青年期の課題を理解しているとともに，家族・家庭の機能と家族関係，家族・家庭生活を取り巻く社会環境の変化や課題，家族・家庭と社会の関わりについて理解を深めている。	ライフスタイルと将来の家庭生活及び職業生活，家庭や地域のよりよい生活を創造するために，男女が協力して家族の一員としての役割を果たし家庭を築くことの重要性について，問題を見いだして課題を設定し，解決策を構想し，実践を評価・改善し，考察したことを根拠に基づいて論理的に表現するなど，生涯を見通して課題を解決する力を身に付けている。	様々な人々と協働し，よりよい社会の構築に向けて，生涯の生活設計や青年期の自立と家族・家庭について，課題の解決に主体的に取り組んだり，振り返ったりして，地域社会に参画しようとするとともに，自分や家庭，地域の生活の充実向上を図るために実践しようとしている。

3　指導と評価の計画（8時間）

時間	ねらい・学習活動	重点	記録	備考
1	**生涯を見通すということ** 【ねらい】生涯発達の視点で各ライフステージの特徴と課題について理解し，自分の目指すライフスタイルの実現に向けて問題を見いだして課題を設定することができる。 ・中学校までの既習事項やこれまでの生活を振り返りながら，単元全体を貫く課題に対する学習前の考えを記入する。 ・各ライフステージの発達課題について自分の考えを学習プリントに記入し，発表し合う。 ・自分について考える。 ・自分の目指すライフスタイルの実現に向けて問題を見いだして課題を設定する。 ・本時を振り返り，大切だと思ったこと，印象に残ったことを記入する。 ［展開例1参照］	思	○	【単元全体を貫く課題】 人生 100 年時代を自分らしく生きるために，高校生の今，どのようなことを身に付ける必要があるのだろうか。 ・自分自身について客観的に分析し，自分の目指すライフスタイルの実現に向けて問題を見いだして課題を設定している。 **ワークシート〔例1〕** **ポートフォリオ〔例2〕**
2	**大人になるって，どういうこと？** 【ねらい】青年期の課題である自立や生活課題に対応した意思決定の大切さを理解することができる。 ・日常生活を振り返り，自己の自立に関する問題点を整理する。 ・多様な価値観に気付くとともに，自己決定の大切さについて理解する。 ・本時を振り返り，大切だと思ったこと，印象に残ったことを記入する。	態 知	○	・自立した生活に向けて問題を見いだして課題を設定し，課題解決に主体的に取り組もうとしている。 **パフォーマンス課題** ・青年期の課題や生活課題に対応した意思決定の大切さを理解している。 **ワークシート** ┌─────────────────┐ │【パフォーマンス課題(例)】 │・生活技術を習得しよう └─────────────────┘
3・4	**家族と仕事・・・どう生きたい？** 【ねらい】男女が相互に協力して家庭や社会を築くことの重要性について考え，これからの生き方を工夫することができる。 ・家族の例（Hさん家族）が直面する課題の解決を通して，男女が相互に協力して家庭や社会を築く方法を考える。 ・ワーク・ライフ・バランスを意識した生き方を考える。 ・本時を振り返り，大切だと思ったこと，印象に残ったことを記入する。 ［展開例2参照］	態 思	○	・男女が相互に協力して家庭や社会を築くことについての課題の解決に主体的に取り組もうとしている。　**行動観察** ・男女が相互に協力して家庭や社会を築くことの重要性について考え，工夫している。 **ワークシート〔例3〕**
5	**家族って何？　～　時代とともに家族の形は変化する!?　～** 【ねらい】時代とともに変化する家族・家庭の特徴や機能について理解することができる。			

	・家族・家庭の意義や機能，時代とともに変化する家族の形や機能について理解する。 ・現代の家族が抱える課題について社会環境の変化と関連付けて理解する。 ・本時を振り返り，大切だと思ったこと，印象に残ったことを記入する。	知		・時代とともに変化する家族・家庭の特徴や機能について理解している。 **小テスト**

家族って何？ 〜 家族に関する法律について知ろう！ 〜
【ねらい】家族に関する法律について理解することができる。

6	・家族・家庭に関する基礎的な法律について知る。また，戦前から現在までの民法改正の動きについて理解する。 ・本時を振り返り，大切だと思ったこと，印象に残ったことを記入する。	知		・家族に関する法律(婚姻，夫婦，親子，相続等)や社会制度について理解している。 **小テスト**

自分はどう生きる？これからの人生 〜生活設計を立てよう〜
【ねらい】自己の目指すライフスタイルを実現するために，生涯を見通してライフプランを考え，工夫することができる。

7	・ライフプランを作成する。 ・理想のライフスタイルを実現するための，短期目標，中期目標を考える。 ・本時を振り返り，大切だと思ったこと，印象に残ったことを記入する。 ・単元全体を貫く課題に対する学習後の考えを記入する。 ・学習前後の自分の変容に気付かせるため，学習前と学習後の記述内容を比較する。[**展開例３参照**]	思 態	○	・生活資源を有効活用した生活設計について考え，工夫している。 **ワークシート〔例４〕** ・自己の目指すライフスタイルの実現に向けた課題の解決に主体的に取り組もうとしている。 **行動観察**
各単元末	・各単元終了時に，各単元の学び(生活設計に必要な生活資源に関わる情報) を記入する。	思 態		・各単元の学習内容を踏まえて，生活設計を具体化したり，修正したりしている。 **ワークシート** ・自己の目指すライフスタイルの実現に向けた課題解決に係る一連の活動を振り返って改善しようとしている。 **ワークシート**

自分はどう生きる？これからの人生
〜 １年間の学習を振り返って，生活設計を再考する〜
【ねらい】自己の目指すライフスタイルを実現するために，１年間の学習を振り返って，これまでの実践を評価したり，ライフプランを改善したりすることができる。

年度末 8	・１年間の学びを振り返り，ライフプランを再考する。 ・短期目標，中期目標を考える。 ・レポート課題について見通しをもつ。	思 態	 ○	・自己の目指すライフスタイルの実現に向けての一連の活動について，考察したことを論理的に表現している。　**レポート課題** ・自己の目指すライフスタイルの実現に向けた新たな課題を見つけて，次の実践に向けて取り組もうとしている。　**レポート課題** ┌───────────────────── 【レポート課題（例）】 宣言書〜自己の目指すライフスタイルを実現するために，高校生の今，やること〜 └─────────────────────

4 観点別学習状況の評価の進め方

ここでは，本題材におけるＡ(1)「生涯の生活設計」，Ａ(2)「青年期の自立と家族・家庭」の「思考・判断・表現」の評価の具体的な例を紹介する。

| 展開例1 | (1／8時間) |

（1）小単元名 　生涯を見通すということ

（2）本時のねらい

　生涯発達の視点で各ライフステージの特徴と課題について理解し，自分の目指すライフスタイルの実現に向けて問題を見いだして課題を設定することができる。

（3）学習活動と評価

時間	学習活動	指導上の留意点	評価場面・評価方法
（分） 5	1　中学校までの既習事項やこれまでの生活を振り返りながら，単元全体を貫く課題に対する学習前の考えを記入する。	・単元全体を貫く課題に対する学習前の考えを記入する時間を設定する。	
	人生100年時代を自分らしく生きるために，高校生の今，どのようなことを身に付ける必要があるのだろうか		
2	2　本時の学習課題を確認し，学習の見通しをもつ。	・本時の学習課題と学習の進め方を確認する。	
	将来のために，今の自分がすべきことは何か，考えてみよう		
10	3　各ライフステージの発達課題について自分の考えを学習プリントに記入し，発表し合う。	・自分のこれまでを振り返り，これからを見通しながら，各ライフステージにおける発達課題について考える時間を設定する。 ・各ライフステージにおける発達課題について説明できるように，まとめる時間を設定する。	
18	4　自分について考える。	・自分や自分のライフスタイルについて考える時間を設定する。 ・書いたものから自分で二つ選び，班で発表する時間を設定する。	
10	5　自分の目指すライフスタイルの実現に向けて問題を見いだして課題を設定する。	・20年後の自分を想像し，今の自分がすべきこと（短期目標）を考える時間を設定する。	■評価方法 **ワークシート〔例1〕** 思考・判断・表現① 記録に残す評価
5 再構築	6　本時を振り返り，大切だと思ったこと，印象に残ったことをポートフォリオに記入する。	・本時の学びを自分の言葉でまとめる時間を設定する。	■評価方法 **ポートフォリオ〔例2〕** 思考・判断・表現① 指導に生かす評価

（4）　「思考・判断・表現」の評価規準①の評価

　生涯を見通して生活の課題を解決する力を養うためには，生徒が当事者意識をもち，自立した生活者として身近な生活の課題を主体的に捉え，具体的な実践を通して，課題の解決を図る「問題解決的な学習」に繰り返し取り組むことが大切である。

　そこで，1時間目は，現在の自分と理想とする自分像を対比させることで，現在の自分の生活の問題点を見いだし，解決すべき課題を設定させた。

評価規準①については，ワークシート〔例１〕の記述内容から評価する。20年後の「あなた」を想像し，今の自分がすべきことを考える場面で，青年期における発達課題を踏まえて自分の目指すライフスタイルの実現に向けて問題を見いだして課題を設定している場合を「おおむね満足できる」状況（Ｂ）と判断した。その際，「努力を要する」状況（Ｃ）と判断される生徒に対しては，学習を振り返らせるとともに，事例を示して具体的にシミュレーションさせるなど，個に応じた指導を工夫する。また，学んだことを生かし，様々な視点から具体的に記述している場合には（Ａ）と判断することができる。

〔将来のために，今，やっておくこと〕
・ 自分の長所を知る。
・ 資格を取得する。
・ 進路について考える。
・ 自立する。
・ ボランティア活動に参加する。

さらに，授業終末に，学習者自身の言葉で具体的に記入させるポートフォリオ〔例２〕は，指導者が意図した内容と学習者が学んだとする内容のズレを把握することができるため，「指導に生かす評価」（「努力を要する」状況（Ｃ）と判断される生徒への手立てを考える評価）として活用した。「努力を要する」状況（Ｃ）と判断される生徒に対しては，ワークシート等の見直しを促すコメントを加えた。

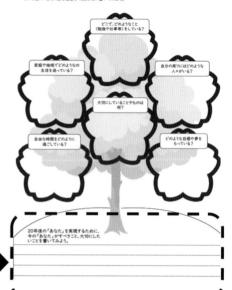

ワークシート〔例１〕の一部

ポートフォリオ〔例２〕の一部

Ⅰ. 生涯を見通すということ

本日のキーワード

特に大切だと思ったこと、印象に残ったこと

展開例2 （3，4／8時間）
（１）小単元名　家族と仕事・・・どう生きたい？
（２）本時のねらい
　　　男女が相互に協力して家庭や社会を築くことの重要性について考え，これからの生き方を工夫することができる。
（３）学習活動と評価

時間	学習活動	指導上の留意点	評価場面・評価方法
（分）8	1　生徒個々が考える「ワーク・ライフ・バランス」について振り返る。	・学習前のレディネスを確認する時間を設定する。 ・「協力」と「手伝い」の違いを考える時間を設定し，当事者意識をもたせる。	
2	2　本時の学習課題を確認し，学習の見通しをもつ。	・本時の学習課題と学習の進め方を確認する。	
	男女が共に協力して自分らしく生活するために必要なことを考えてみよう		
	3　家族の例（Ｈさん家族）が直面する課題の解決を	・Ｈさん家族の家族構成や生活時間配分等の情報を提示する。	

	通して，男女が相互に協力して家庭や社会を築く方法を考える。		
10	（1）演習1に取り組み，班で意見を共有する。 【課題】 Hさん家族の生活時間を見て気付くことは？あなたがその立場だったら何を思う？	・Hさん家族の生活時間を見て，自分がその立場だったらどう思うか考えさせる。 ・多様な考えに気付くように，班で意見を共有する時間を設定する。	
40	（2）演習2に取り組み，全体で意見を共有する。 【課題】 問題に直面した場合に生じる変化や抱える課題は？対応策は？	・Hさん家族が直面した問題から生じる変化や課題について個人で考える時間を設定する。 ・多様な考えに気付くように，班で意見を共有する時間を設定する。 ・生活資源を駆使して，課題へ対応する方法を班で考える時間を設定する。　※ICT端末の活用 ・全体で共有することができるように，発表の時間を設定する。 ・発表内容をメモさせる。 ・発表内容を九つのキーワードにまとめる。	■評価方法 **ワークシート** **行動観察** 主体的に学習に取り組む態度②
20	（3）演習3（考え構築する活動）に取り組み，全体で意見を共有する。 【課題】 男性や女性が共に社会生活や家庭生活を両立させるために大切なことは何か。	・キーワードをランキング法により個人で順位をつけさせ，多様な考えを共有できるように，発表の時間を設定する。 ・タブレットで発表者のプリントを提示する。※ICT端末の活用 ・20年後の自分の生活時間配分，そのために努力すべきことを個人で考える時間を設定する。	■評価方法 **ワークシート〔例3〕** 思考・判断・表現② 記録に残す評価
15	4　ワーク・ライフ・バランスを意識した生き方を考える。	・全体で共有することができるように，発表の時間を設定する。 ・目指すライフスタイルに応じたワーク・ライフ・バランスの視点が重要であることに気付くように支援する。	
5 再構築	5　本時を振り返り，大切だと思ったこと，印象に残ったことをポートフォリオに記入する。	・本時の学びを自分の言葉でまとめる時間を設定する。	■評価方法 **ポートフォリオ** 主体的に学習に取り組む態度② 思考・判断・表現② 指導に生かす評価

（4）　「思考・判断・表現」の評価規準②の評価

　3，4時間目の評価規準②については，ワークシート〔例3〕の記述内容から評価する。ランキング法により，個人でキーワードに優先順位をつけ，その後，相互比較して多様な考えに触れながら自分の考えを再構築していく場面で，生徒Tは，生活資源や生活の営みを関連させて順位をつけたり，その理由を記述したりしていることから，「おおむね満足できる」状況（B）と判断した。その際，「努力を要する」状況（C）と判断される生徒に対しては，Hさん家族の事例を振り返らせるとともに，他の生徒の記述内容等を参考に，自分の考えをまとめることができるようにする。また，生徒Kのように，地域のよりよい生活を創造する視点からも記述している場合には（A）と判断できる。

生徒Tのワークシート〔例3〕の一部

生徒Kのワークシートの一部

【演習3】
男性や女性が共に協力して社会生活や家庭生活を両立させるには、どのようなことが大切だと考えますか？
【演習2】のキーワードのうち、あなたが重要と考える順に順位をつけてダイヤモンド型に置き、その理由を書こう。

① 家事分担
② 職業労働の内容
③ 他の家族の状況
④ 収入
⑤ 通勤時間
⑥ 保育施設
⑦ 男女平等の考え
⑧ 住環境
⑨ 家事代行サービス

〈左のように並べた理由〉
・協力することが、一緒に生きていく中で大切であると感じた。
・職業労働の内容によって、生活リズムが変わる。
・家事代行サービスは、どうしても自分でできない時に利用したいから。

〈参考になった意見〉
・家事が苦手な人にとっては、家事代行サービスは良いと思うが、お金がかかる。
・収入が最も重要という考えも分かるけど、なんとなく寂しい。

※ ここでは〈左のように並べた理由〉の記述のみを示している。
・遠く住む家族と協力し合うことも大切だけど、いざという時に近所に住む人と助け合える関係をつくることも大切だと思う。

第3編
事例2

展開例3 （7／8時間）

（1） 小単元名　　自分はどう生きる？これからの人生 ～生活設計を立てよう～

（2） 本時のねらい
　　　自己の目指すライフスタイルを実現するために、生涯を見通して生活設計を考え、工夫することができる。

（3） 学習活動と評価

時間	学習活動	指導上の留意点	評価場面・評価方法
5	1　本時の学習課題を確認し、学習の見通しをもつ。	・本時の学習課題と学習の進め方を確認する。	
	理想のライフスタイルを実現するために、生活設計を考えてみよう		
25	2　生活設計を作成する。	・前時までの学習を振り返りながら、生活設計を考える時間を設定する。 ・記入の視点④について記入できない生徒は、教科書等を参照させる。 ・班員が作成した生活設計を見て、他者のよい点を反映して自身の生活設計を加筆・修正できるように紙面発表の時間を設定する。 ・よい点やアドバイスを付箋に記入させる。	■評価方法 **ワークシート〔例4〕** **行動観察** 主体的に学習に取り組む態度③ 思考・判断・表現③ 記録に残す評価
5	3　理想のライフスタイルを実現するための、短期目標、中期目標を考える。	・アドバイスを反映して自分の生活設計を加筆・修正する。 ・自分の理想のライフスタイルを実現するために、1年次終了までに身に付けたい力、高校卒業時までに身に付けたい力、そのために取り組むことについて具体的に考える時間を設定する。 ・必要に応じて生活設計を見直すことの大切さに気付くように支援する。	
5 再構築	4　本時を振り返り、大切だと思ったこと、印象残ったことを記入する。	・本時の学びを自分の言葉でまとめる時間を設定する。	■評価方法 **ポートフォリオ** 思考・判断・表現③ 指導に生かす評価

10	5 単元全体を振り返り，ポートフォリオを記入する。	・単元全体を貫く課題に対する学習後の考えを記入する時間を設定する。	
	人生100年時代を自分らしく生きるために，高校生の今，どのようなことを身に付ける必要があるのだろうか		
		・学習前後の自分の変容に気付かせるため，学習前と学習後の記述内容を比較する時間を設定する。	

（4） 「思考・判断・表現」の評価規準③の評価

　7時間目の評価規準③については，ワークシート〔例4〕の記述内容や行動観察から評価する。生涯を見通した自己の生活設計について考える場面で，自己の目指すライフスタイルを実現するために直面する発達課題に対して，どのように工夫し解決していくのか主体的に考えている場合を，「おおむね満足できる」状況（B）と判断する。その際，「努力を要する」状況（C）と判断される生徒に対しては，1時間目のワークシート〔例1〕や教科書等を参考にするように促したり，具体的に助言したりするなど生活設計を立てることができるようにする。

右余白: 第3編 事例2

ワークシート〔例4〕の一部

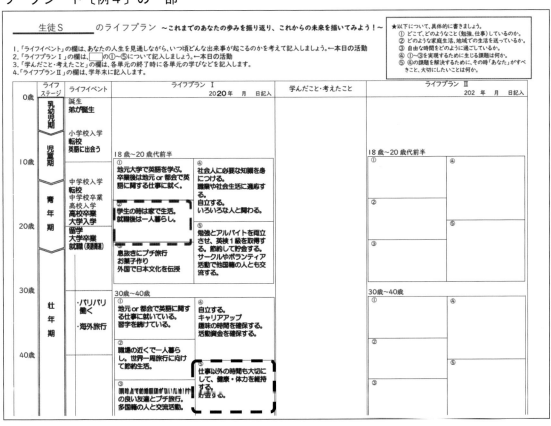

　また，ワークシートのうち②，⑤について，次のように生活資源や社会的条件等の影響も考慮しながら記述している場合には（A）と判断することができる。

② 家計に負担をかけないように，学生の時は家で父，母，弟，祖父母と生活。	⑤ ＡＩの発達で仕事を失わないように勉強する。離れて暮らす親の健康管理。

家庭科　　事例3（家庭基礎）

キーワード　「知識・技能」の評価，「主体的に学習に取り組む態度」の評価，

　　　　　　「Ｃ　持続可能な消費生活・環境（3）持続可能なライフスタイルと環境」との関連

単元名	内容のまとまり
食生活と健康	Ｂ　衣食住の生活の自立と設計　　(1)　食生活と健康 Ｃ　持続可能な消費生活・環境　　(3)　持続可能なライフスタイルと環境

　この単元は，「Ｂ　衣食住の生活の自立と設計」の(1)「食生活と健康」のア及びイとの関連を図っている。また，学習指導要領（平成30年告示）において，日本の伝統的な生活文化の継承・創造に関わる内容の充実が図られていることから，本事例では，生徒が自立した生活者として，生活を主体的に営むために持続可能なライフスタイルが必要不可欠であると考え，「Ｃ　持続可能な消費生活・環境」の(3)「持続可能なライフスタイルと環境」の内容とも絡めて計画した。

　本事例では，「知識・技能」及び「主体的に学習に取り組む態度」の評価について，評価方法を具体的に示している。

1　単元の目標

(1) ライフステージに応じた栄養の特徴や食品の栄養的特質，健康や環境に配慮した食生活，おいしさの構成要素や食品の調理上の性質，食品衛生について生活と環境の関わりについて理解するとともに，持続可能な食生活を営むために自己や家族の食生活の計画・管理，目的に応じた調理に必要な技能を身に付ける。

(2) 食の安全や食品の調理上の性質，食文化の継承を考慮した献立作成や調理計画，健康や環境に配慮した食生活について持続可能な社会を目指す観点から問題を見いだして課題を設定し，解決策を構想し，実践を評価・改善し，考察したことを根拠に基づいて，論理的に表現するなどして，自己や家族の食事を工夫し課題を解決する力を身に付ける。

(3) 様々な人々と協働し，よりよい社会の構築と持続可能な社会に向けて，食の安全や食品の調理上の性質，食文化の継承を考慮した献立作成や調理計画，健康や環境に配慮した食生活について，課題の解決に主体的に取り組んだり，振り返って改善したりして，地域社会に参画しようとするとともに，自分や家庭，地域の生活の充実向上を図るために実践しようとする。

2　単元の評価規準

知識・技能	思考・判断・表現	主体的に学習に取り組む態度
・ライフステージに応じた栄養の特徴や食品の栄養的特質，健康や環境に配慮した食生活について理解するとともに，主体的に持続可能な食生活を営むために自己や家族の食生活の計画・管理に必要な技能を身に付けている。 ・おいしさの構成要素や食品の調理上の性質，食品衛生について理解し，生活と環境の関わりを踏まえて目的に応じた調理に必要な技能を身に付けている。	食の安全や食品の調理上の性質，食文化の継承を考慮した献立作成や調理計画，健康や環境に配慮した食生活について持続可能な社会を目指す観点から問題を見いだして課題を設定し，解決策を構想し，実践を評価・改善し，考察したことを根拠に基づいて，論理的に表現するなどして，自己や家族の食事を工夫し課題を解決する力を身に付けている。	様々な人々と協働し，よりよい社会の構築と持続可能な社会に向けて，食の安全や食品の調理上の性質，食文化の継承を考慮した献立作成や調理計画，健康や環境に配慮した食生活について，課題の解決に主体的に取り組んだり，振り返って改善したりして，地域社会に参画しようとするとともに，自分や家庭，地域の生活の充実向上を図るために実践しようとしている。

3　指導と評価の計画（18時間）

時間	ねらい・学習活動	重点	記録	備考（・は評価規準，＊は指導上の留意点を示す）
1・2	**学習目標の設定** 【ねらい】食事の役割を視点に食生活を振り返り，これからの持続可能な食生活を送るためにできることは何かを考えることができる。 ・食事の役割を視点に自分の食生活を振り返る。 食事を振り返る → 食生活に関する問題点を把握する → 問題となっている原因を探る → 持続可能な食生活にするためには → 実現のためのアイデアを検討する → 実現に必要な知識や技能の見通しを立てる（学習目標の設定） ・1枚ポートフォリオの記入 ［展開例1参照］	態		＊「栄養素の充足」，「精神的充足感」，「共食の有無」，「1日の生活リズム」，「食文化の継承」 毎時間の 指導に生かす評価 に活用［例1］ 指導に生かす評価 ＊必要な知識や技術を検討させることで今後の食生活で何が必要であるかを自覚させる（本単元の生徒自身の学習目標の作成）。［例2］
3・4・5	**栄養素の種類と機能** 【ねらい】ライフステージに応じた栄養の特徴や食品の栄養的特質について理解することができる。 ・「栄養」について理解し，食品を摂取し，食品中の成分を分解して，人体の成分へと作り変えていることを理解する。	知		＊小・中学校での既習事項を確認する。また，消化・吸収や代謝などについて，理科との関わりをもたせるとともに，栄養素の相互の関わりを知り，汎用性のある知識となるようにする。
6・7	**食生活の安全と衛生** 【ねらい】食品の保存方法や食中毒の危険性，予防方法について理解するとともに，適切な取り扱いについて考え，工夫，実践することができる。 ・食品の購入，調理，保存と各段階におけるリスクを食中毒事例で確認する。 ・細菌性予防三原則について理解し，調理の際に注意すべきチェックリストを作成する。	思	○	学習課題例【我が家の家庭用HACPPの作成】 ＊食品の購入から保存，調理，食べるまでの一連の流れにおいて各家庭におけるチェックリストを作成する。 ＊各家庭で食品の購入機会・購入スタイルが異なることに留意し，生徒自身の家庭に活用できるように促す。
8・9	**食品の選択** 【ねらい】これまでの学習を踏まえて，食品について具体的に調べて，レポートを作成することができる。 ・生鮮食品について，一つ取り上げ，「栄養価」，「食料自給率」，「生産と流通」，「料理」などについてレポートする。 ・それぞれ調べたことを共有し，全体に発表する。	思	○	学習課題例【食品探究】 ＊ICT端末を活用し，プレゼンテーションを作成することも考えられる。 ＊食品に対して関心をもたせることで，調べた項目をきっかけに，生徒の関心を広げる。

時		観点		内容

何をどれだけ食べればいいのか
【ねらい】自己や家族の食生活の計画・管理に必要な技能を身に付けることができる【献立作成】。

| 10・11 | ・食品群別摂取量の目安や食事摂取基準を確認し，何をどれだけ食べればよいかを確認する。
・各ライフステージの特徴を調べ，栄養的に留意する点を確認する。
・家族の健康を保持し，栄養と嗜好を考えた献立を作成する。
［展開例2参照］ | 知 | ○ | **学習課題例【一汁三菜の献立作成】**
＊料理レベル（献立，主食，副菜，主菜），食材レベル（食品群別摂取量の目安），栄養素レベル（食事摂取基準）を分けて捉える。
・料理レベル：「どれくらいのバランスで食べればいいの？」
　→食事バランスガイドや「主食：主菜：副菜＝3：1：2」のバランス
・食材レベル：「どれくらいの量を食べればいいの？」
　→食品群別摂取量の1日分の目安
・栄養素レベル：「どれくらい摂取すればいいの？」
　→食事摂取基準（目標量，推奨量等），栄養価計算で算出する。 |

持続可能な社会の構築に向けて
【ねらい】日本の食料自給率や環境保全と食品に関連する事柄を理解するとともに，持続可能な食生活に必要な工夫とは何か，考えることができる。

| 12 | ・食品ロスについて自分や家族，企業などにも目を向けて現場を理解する。
・環境保全の観点から容器包装について生徒自身の生活を振り返り，環境に与える影響を考える。 | 思 | | **学習課題例【家庭の食品ロスやプラスチックゴミの調査】**
＊プラスチックゴミについてどれくらいの排出量があるのか事前に調べさせる。一定期間調査を行い，その結果を持ち寄る。量だけでなく，廃棄の仕方についても考察し，一人一人環境保全意識を喚起する。
※ホームプロジェクトや学校家庭クラブ活動につなげる。 |

調理実習
【ねらい】目的に応じた調理に必要な技能の習得を図ることを通じて，食品の調理上の性質や栄養的特質，食文化などの理解を深め，日常生活における実践への意欲を高める。

| 13・14・15・16・17 | ※次の観点を取り入れて設定
・食文化の継承として，伝統的な和食の特徴を用いた実習
　例：吸い物，茶碗蒸し，青菜のお浸し，煮物，すし飯等
・食品に関する科学的な理解を深める実習
　例：各食品の調理性を生かす，調理実験（塩分濃度，糖度の計測と考察）等
・技能の向上を目的とした実習
　例：家庭科技術検定に準じた内容，1人調理等
・異なるライフステージが共食することを想定した実習
　例：離乳食，嚥下力 | 知
思 | | ※学習活動の配列を踏まえて，適宜設定する。（必ずしも単元の最後に設定するものではない。）
＊これまでの学習を踏まえて調理実習の目標を設定する。
＊調理実習を経験したことにより，学習意欲が喚起されることもあるため，調理実習の機会を活用し，学習課題を設定することも検討する。

学習課題例
【修学旅行先の郷土料理調べ】
【家庭での実技（ICTの活用）】
【高齢者の嚥下力低下に対応する料理とは】など |

単元のまとめ
【ねらい】単元のまとめを行い，これからのよりよい食生活について見通しを立てることができる。

| 18 | ・【単元を貫く問い】に対して，自らの考えを記入する。
・自己評価を記入する。
［展開例3参照］ | 思態 | ○
○ | ＊全てのまとめが終了したのち，「生活設計」と関連させることも考えられる。 |

展開例1 （1，2／18 時間）

（1）**小単元**　　　健康な食生活を営むために

（2）**本時のねらい**

　　食事の役割，現代の食生活の現状と課題，食文化の継承などについて理解するとともに，持続可能なライフスタイルを実現するために工夫し，よりよい食生活を送るための目標を設定することができる。

（3）**学習活動と評価**

〔①1／18 時間目〕

時間	学習活動	指導上の留意点	評価場面・評価方法
（分）10	1　単元の目標の確認と本時の目標の確認 2　【単元を貫く問い】に対する学習前の考えを記述する。 【単元を貫く問い】（例） 「持続可能かつ健康で環境に配慮したよりよい食生活を実現するためには？」	・生徒自身が学習目標を立てて進めていくことを求める。 ・中学校までの既習事項を思い出させながら記述させる。	学習前に単元を貫く問いに答える場面 ■評価方法 **ワークシート（1枚ポートフォリオ）**〔例1〕 主体的に学習に取り組む態度 指導に生かす評価

ワークシート（1枚ポートフォリオ）〔例1〕表面の一部

学習前の生徒の捉えを確認

時間	学習活動	指導上の留意点	評価場面・評価方法
10	3　生徒自身の食生活について，自己評価を行う。	・食事の役割（健康保持と成長，精神的充足，共食，生活リズム，食文化の継承と創造)について説明する。 ・日常生活を振り返り，自己評価とその理由を簡潔に書かせる。 ＊ワークシート〔例2〕上部参照	
5	4　グループで,自己評価の結果を共有する。	・どのような自己評価をしたのか，理由とともに共有し，確認させる。	
15	5　自分の食生活の問題点について考える（個人の活動）。 ＊ワークシート〔例2〕下部参照 (1) 問題点は何か〔問題の把握〕 (2) 問題となっている原因は何か〔原因の追究〕 (3) 持続可能で健康的になるためにはどうすればよいか	・それぞれ，なぜそのような結果なのかを問い掛け，生活を振り返るとともに，その結果が継続した場合の影響についても考えさせる。	
5	6　グループ（全体）共有する。	・気付きを確認させる。	本時を振り返り、学習をまとめる場面
5	7　「今日の授業で最も大切なこと」を記入する。	・学習を通しての気付きなども記録しておくよう伝える。	■評価方法 **ワークシート（1枚ポートフォリオ）**〔例4〕 主体的に学習に取り組む態度 指導に生かす評価

時間	学習活動	指導上の留意点	評価場面・評価方法
(分) 5	1　前時の学習活動の確認と本時の目標を確認する。	・問題の解決のための具体的なアイデアを構想していくことを伝える。	

持続可能で健康的な食生活を営むことを実現するためには，どのようなことが必要だろうか。たくさんアイデアを出し，そこからどのように実現していくかを考えよう。さらに，行動に必要な知識や技術等は何かを確認しよう。

時間	学習活動	指導上の留意点	評価場面・評価方法
20	2　前時で検討した【学習活動5（3）】の具体策を検討する。	ワークシート[例3]にある記述の留意点（順番に検討していく） (1)　前時5(3)について実現のためのアイデアをブレーンストーミング等の手法を用い，表出させる。 (2)　アイデアの内，現状の自分自身の生活を踏まえ，どのように行動すれば実現可能かを考える。 (3)　その行動に対し，必要な知識や技能は何かを考える。	自己の食生活をよりよくする計画の作成と本単元の学習目標を立てる場面 ■評価方法 ワークシート[例3] 指導に生かす評価 主体的に学習に取り組む態度

ワークシート（1枚ポートフォリオ）[例2，3]

時間	学習活動	指導上の留意点	評価場面・評価方法
5 10	3　グループで共有する。 4　全体共有を行う。	・他者の意見も取り入れて，生徒同士で助言を行わせ，多面的なものになるように伝える。	
5	5　共有を受けて，加筆修正を行い，作成したワークシートを確認し，自ら設定した学習目標を再確認する。	・これからの食生活を主体的に営む指針となるとともに，これからの学習目標にもなることを伝える。	
5	6　「今日の授業で最も大切なこと」を記入する。		■評価方法 ワークシート（1枚ポートフォリオ）[例4] 主体的に学習に取り組む態度 指導に生かす評価

ワークシート（1枚ポートフォリオ）[例4]　※[例1]の下部

※「持続可能」としていることで，内容Cと関連を図っている。

（４）「主体的に学習に取り組む態度」の評価について（指導に生かす評価）

　本事例では，主体的に学習に取り組む態度の評価として「１枚ポートフォリオ」を活用し，評価することとする（後述の 展開例３ において「記録に残す評価」としての例を示す）。ポートフォリオを記述する段階として３段階設定する。１段階目が「単元が始まる前の段階［学習前］」，２段階目が「実際に単元の学習が行われている段階［学習中］」，３段階目が「全ての学習が終了した段階［学習後］」とした。

　例示した「１枚ポートフォリオ」では，【単元を貫く問い】を設定し，その問いに［学習前］に答えることで，生徒の素朴な概念を表出させ，「分かること」や「分からないこと」などを顕在化させ，教師はこれからの学習における指導上のポイント整理に活用する。

　［学習中］は，毎時の授業終了時に“授業で最も大切なこと”を記述させ，教師の指導目標とのズレがないかを確認する。生徒の取組に対してアセスメント（資質・能力を育成するための支援）を行う機会としている。

　最終的に［学習後］である単元のまとめ時に行う「自己評価」についても「主体的に学習に取り組む態度」に対する「記録に残す評価」としている。「主体的に学習に取り組む態度」について妥当性をもって総括的に評価するためには，生徒の「①粘り強い取り組みを行おうとする側面」及び「②自らの学習を調整しようとする側面」の二つの側面に加えて，家庭科においては「実践しようとする態度」について可視化する必要性がある。例示した「１枚ポートフォリオ」では，授業ごとに振り返りや教師のアセスメントが行われる。単元終了時に，一連の記載内容を振り返りながら自己評価を行うことで，前述の二側面と「実践しようとする態度」について妥当性のある評価を行うことが期待できる。

　単元のまとめの自己評価に関しては，単元の学習を通して「何が変わったか」，「どのように変わったか」，「なぜ変わったか」などの意識的変化や行動的変容を記述させる。変わらない場合は「なぜ変わらなかったのか」などを記述させる。ただし，生徒が自己評価をする上で，生徒自身の単元に係る学習目標が設定されていることが重要である。そのため，本事例では，第一次においてこれまでの食生活を振り返ることを通し，生徒が自らに課す学習目標を設定することとした。この学習目標は毎回の授業開始時や振り返りの際に適宜確認し，加除修正しながら明確なものにしていくと生徒の学びの自覚化が促進されるものと思われる。

　単元のまとめ時に記述させる【単元を貫く問い】の評価は，単元の評価規準に照らして「思考・判断・表現」の観点で評価をすることとする。この記述により，単元の学習を踏まえて生徒自ら形成した概念を見取ることも期待できる。

展開例２ （11／18 時間）

（１）**小単元**　　　　ライフステージに応じた栄養の特徴や食品の特質を理解した献立作成

（２）**本時のねらい**

　　これまでの学習を踏まえ，自己や家族の食生活の計画・管理に必要な技能を身に付ける。

（３）**学習活動と評価**

時間	学習活動	指導上の留意点	評価場面・評価方法
（分） 5	1　前時の学習活動の確認と本時の目標を確認する。		
30	2　家族の健康を保持し，栄養と	・献立を作成する手順を確認す	

	嗜好を考えた献立を作成する。	る。	

これまでの学習及び「日本型食生活」「一汁三菜」などを踏まえて，家族の献立を考えよう。
また，「旬」，「調理法」，「彩り」，「テクスチャー」などの視点を入れよう。

ワークシート［例５］の一部

これまでの学習の成果を【献立作成】で表そう！

自分の将来の家族を想定し，献立を作成してみましょう。

構成	性別	年齢	ライフステージ	ライフステージの特徴から注意すること
あなた		45歳	壮年期	自分の家族をイメージしながら，学習したライフステージの特徴を簡潔に記し，献立作成時に留意させながら作成させる。
配偶者			壮年期	
子供		16歳	青年期	
子供		10歳	児童期	

献立を立てる前に

○旬の食材は？（出盛期で価格が安い傾向，栄養素が充実）

○調理法は？同じ調理法になっていないか？（炒め物＋炒め物＋炒め物）

○いろどり（彩が豊かなものは栄養素も豊か）

○テクスチャー（口触り，歯応え，のどごしなどの感覚のこと）

○一汁三菜では，主菜を1品，副菜を2品とする

献立作成

どちらを先に決めてもよい

主菜 ← → 主食

豚の生姜焼き — **米飯**

魚・肉・卵・大豆を中心とした料理 — ごはん、パン、麺など

副菜 ← → 汁物

じゃがいもの煮物 — **豆腐とわかめの味噌汁**

大根とレタスのサラダ — 主食や主菜、副菜に使用していない食材を中心に作成する

野菜・きのこ、海藻、いも類を使った料理

＋

果物・飲み物

3 献立作成のポイントとこれからの食生活への生かし方について記述する。	・ポイントを踏まえて共有するように伝える。	食事計画についてまとめる場面 ■評価方法 ワークシート［例５］ 知識・技能 記録に残す評価

生徒Aのワークシート［例５］の一部

作成した献立のポイントとこれからの食生活への生かし方

生姜焼きにはご飯が合うからご飯とした。和食の象徴でもある味噌汁は大豆から作られ，体にもよいので，味噌汁とし，食材が重複しない豆腐とわかめとした。副菜は体の調子を整えるビタミン、ミネラル、食物繊維が多く含まれているので、壮年期で忙しく働いている夫婦の健康にもよい影響があると考えた。

これから、食文化について旬の食材をよく取り入れていきたいと思う。旬の食材はおいしいので、おいしいことで、家族とのコミュニケーションも増えると思うから。

本時を振り返り，学習をまとめる場面

4 「今日の授業で最も大切だと思ったこと」を記入する。		■評価方法 ワークシート（1枚ポートフォリオ）［例４］ 主体的に学習に取り組む態度 指導に生かす評価

（4）「知識・技能」の評価について

ワークシート［例５］の記述内容から評価する。知識・技能を総括するにあたっては「事実的な知識の習得を問う」ことと「知識の概念的な理解を問う」という二つの視点がある。本事例では後者について例示する。つまり，生徒が文章によって説明をすることにより，習得した知識が概念化しているかを見取る。

生徒Aは，献立作成を通して，食文化・栄養素について事実を踏まえて記述し，家族への健康について配慮する記述をしている。また，これからの食生活への生かし方では，食文化への見直し及び家族とのコミュニケーションを図ろうとする記述をしていることから知識の概念化が図られており，「おおむね満足できる」状況（B）と判断した。

その際，「努力を要する」状況（C）と判断される生徒に対しては，これまでのポートフォリオを確認させ，学習を振り返らせるとともに，乱れた食生活が継続した場合のリスクについて生涯を見通すよう促すなど，個に応じた指導を工夫する。

第3編
事例3

また，生徒Bは，これまでの学習の中で獲得した知識・技能に関して適切に概念化が図られていると考えられることから（A）と判断した。

生徒Bのワークシートの一部（献立作成のポイントとこれからの食生活への生かし方）

> 和食は糖質，脂質，たんぱく質のバランスがよいとされていることから，ご飯を中心に，彩りをよくなるようにした。夫婦のライフステージが壮年期のため，体の調子を整えるビタミン，ミネラル，食物繊維がしっかり摂れるようにした。また，成長期である青年期や児童期の子供二人に対しても，生姜焼きでよく噛むことやエネルギーの補給が期待できると思う。年齢を重ねることでエネルギー必要量は減少傾向にあることを知ったので，お腹いっぱいに食べることだけでなく，食材個々のおいしさや食文化を含めた調理法を実践し，豊かな食生活を送っていきたい。

展開例3 （18／18 時間）

（1）**小単元** 単元のまとめ～食生活と健康，持続可能なライフスタイルについて見通す～

（2）**本時のねらい**

　　持続可能で健康や環境に配慮した食生活の実現に向けて，振り返って改善したりして，地域社会に参画しようとするとともに，自分や家庭，地域の生活を創造し，実践しようする。

（3）**学習活動と評価**

第3編
事例3

時間	学習活動	指導上の留意点	評価場面・評価方法
（分）5	1　前時の学習活動の確認と本時の目標を確認する。		
10	2　これまでの学習成果を確認する。	・ポートフォリオをみて，どのような経過をたどってきたかを確認させる。	
10	3　【単元を貫く問い】に対する学習後の考えを記述する。	・これまでの「授業で最も大切なこと」を確認させる。	これまでの学習成果をまとめる場面
10	4　自己評価を記述する。 【自己評価の視点】（例） ・目標が達成できているか ・自分がどのように変わったか ・なぜ変わったか，なぜ変わらなかったのか	・第1次で設定した学習目標（ワークシート［例3］）について確認させる。	■評価方法 1枚ポートフォリオ［例6］ 思考・判断・表現 記録に残す評価
15	**生徒Aのワークシート［例6］** 【単元を貫く問い】の答え 自己評価 単元の評価規準を提示		
	5　グループとなり，記述したものを共有する。	・これからの生活について，持続可能な社会へ参画することの意義について，生涯設計の視点で記述させる。	ポートフォリオを振り返り，自己の変容を確認する場面 ■評価方法 1枚ポートフォリオ［例6］ 主体的に学習に取り組む態度 記録に残す評価
	発展　食生活の学習を生涯にわたる生活設計の視点で考え，まとめる。	・科目のまとめ（生活設計）につなげる。	

生徒Aのワークシート［例6］

本単元を学習した後のあなたの『単元を貫く問い』に対する答え【評価:思考・判断・表現】

まず，自分が何を食べているのかを自覚することが必要だ。どのような背景で作られたり，流通したりして自分の目の前にあるのかを考える。さらに，食事内容のバランスをよくみて，過不足がないか食事を評価することも必要だ。さまざまな情報を取得するとともに，その情報の正確性も判断していくことが持続可能な食生活につながると思う。

この単元を終えて，あなたは「どう変化したか」「変化しなかったか」「なぜ上記のように記述したのか」など自己評価を書きましょう【評価:主体的に学習に取り組む態度】

私は好き嫌いが多く，特に野菜を食べることがよくなかった。授業を通して，体の調子を整えることが健康を保つために重要であることをよく理解した。したがって，一汁三菜を基本に多様な食材を食べるようにしていきたい。また，食品ロスについては，好き嫌いがあるため，食べ残してしまうことが多い。一人ひとりの行動で改善することができると思ったので，食べ残しをなくすことや外食時の注文の時には適量を頼んだり，よそったりしていく。

評価	知識・技能	思考・判断・表現	主体的に学習に取り組む態度

（４）「主体的に学習に取り組む態度」の評価について

　　１枚ポートフォリオ［例６］の記述内容及び他２観点の達成状況を踏まえて評価する（特に【単元を貫く問い】の記述内容（思考・判断・表現）と一体的に評価する）。生徒Ａは，自己評価に対しては，自分の食生活を振り返り，課題意識をもち，それを改善するためにどのようなことをしていくのか，具体的な行動（実践しようとする態度）を示している。また，持続可能な社会の構築という視点においても今後の食行動を具体的に示しており，単元の評価規準におおむね到達していると思われることから，単元の学習成果として「おおむね満足できる」状況（Ｂ）と判断した。

　　「主体的に学習に取り組む態度」の評価については生徒の「①粘り強い取組を行おうとする側面」及び「②自らの学習を調整しようとする側面」の双方の関連が重要である（右図）。つまり，「粘り強い取組を行おうとする側面」のみでは，十分な評価を行うことはできない。本事例では「１枚ポートフォリオ」を用いて，毎時の学習に対して振り返りをさせ，教師の指導目標とのずれは生じていないか確認したり，生徒の気付きからより思考が深まるようなアセスメント（資質・能力を育成するための支援）を行う例を示した。最終

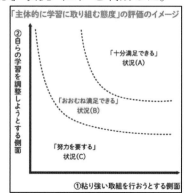

的に総括をする際に，［学習中］の生徒の振り返り及び教師のアセスメントが［学習後］の自己評価に生かされているかどうかを見取る必要性が求められる。

　　その際，「努力を要する」状況（Ｃ）と判断される生徒は学習したことと自らの食生活が結び付いていないことが考えられることから，これまでのポートフォリオを確認し，学習を振り返らせるとともに，今後の食生活でどのような課題が出てくるのか，ライフステージや社会について目を向けさせるよう指導を工夫する。

　　また，生徒Ｂについては，自己評価において，［学習中］の振り返り及び教師のアセスメントが十分に生かされていることから（Ａ）と判断した。

生徒Ｂの自己評価

自己評価
私は食生活の問題点として，個食気味であること，好き嫌いが多いことを挙げた。それらを改善するための目標として様々な食材について知ること，興味をもつこととした。自分の問題点を客観視したことと，栄養素の授業を受けたことで，いろいろな食材で栄養素を充足することが重要であると確認できた。また，調理実習でつくった茶碗蒸しが美味しかったので，旬の食材を入れて作ってもみた。自分で料理をすることで，食に興味をもつようになり，嫌いなものも入れて料理をするよう努力している。これから長い人生，健康でいるためには食事が基盤となる。いろいろな食材を食べ，食文化を知り，豊かな食生活を送っていけるようにこれからも食に興味をもち続けたい。

キーワード　「思考・判断・表現」，「主体的に学習に取り組む態度」の評価

単元名	内容のまとまり
ホームプロジェクトと学校家庭クラブ活動	D　ホームプロジェクトと学校家庭クラブ活動

　この単元は，高等学校家庭科の特色であるホームプロジェクトと学校家庭クラブ活動の意義と実施方法について理解し，実際に自己の家庭生活や地域の生活の中で実践できるようにすることをねらいとしている。

　本事例では，ホームプロジェクトにおける「思考・判断・表現」及び「主体的に学習に取り組む態度」の評価について具体的に示している。

　ホームプロジェクトの評価においては，実践後に提出する「実践シート」のみを評価するのではなく，課題の設定や実践に向けた計画を考える場面や，実践後にクラス内で発表会を行ったり，文化祭で展示を行ったりするなどの生徒が互いの実践について相互評価する場面を設定するなど，学習過程の各場面で適切に評価を行うことが重要である。

1　単元の目標

(1)　ホームプロジェクト及び学校家庭クラブ活動の意義と実施方法について理解する。

(2)　自己の家庭生活や地域の生活を関連付けて生活上の問題を見いだして課題を設定し，解決策を構想し，実践を評価・改善し，考察したことを根拠に基づいて論理的に表現するなどして課題を解決する力を身に付ける。

(3)　様々な人々と協働し，よりよい社会の構築に向けて，ホームプロジェクトと学校家庭クラブ活動について，課題の解決に主体的に取り組んだり，振り返って改善したりして，地域社会に参画しようとするとともに，自分や家庭，地域の生活の充実向上を図るために実践しようとする。

2　単元の評価規準

知識・技能	思考・判断・表現	主体的に学習に取り組む態度
ホームプロジェクト及び学校家庭クラブ活動の意義と実施方法について理解している。	自己の家庭生活や地域の生活と関連付けて生活上の問題を見いだして課題を設定し，解決策を構想し，実践を評価・改善し，考察したことを根拠に基づいて論理的に表現するなどして課題を解決する力を身に付けている。	様々な人々と協働し，よりよい社会の構築に向けて，ホームプロジェクトと学校家庭クラブ活動について，課題の解決に主体的に取り組んだり，振り返って改善したりして，地域社会に参画しようとするとともに，自分や家庭，地域の生活の充実向上を図るために実践しようとしている。

3 指導と評価の計画（4時間）

時間	ねらい・学習活動	重点	記録	備考（・は評価規準，＊は指導上の留意点を示す）
1	**ホームプロジェクトと学校家庭クラブ活動** 【ねらい】ホームプロジェクト及び学校家庭クラブ活動について理解することができる。 ・ホームプロジェクトと学校家庭クラブ活動の意義と実践方法を知る。 ・「課題発見シート」への記録方法について知る。 ・ホームプロジェクトの評価について知る。	知		・ホームプロジェクトと学校家庭クラブ活動の意義と実践方法について理解している。 ＊ホームプロジェクトは，家庭科の学習を踏まえ，よりよい家庭生活を営むため，自己の家庭生活を見直すものであり，長期休業中等の課題となることを告げる。 ＊学校家庭クラブ活動は，グループや学校単位で多くの友人の力を結集して，学校や地域生活の充実・向上を目指す活動であることを告げる。 ＊家庭科の授業の早い段階において伝える。 ＊課題解決のプロセス（Plan・Do・See）について，教科書等を用いて確認する。 ＊各単元の学びを通して，家庭生活で気になったことなどを「課題発見シート」に記録していくよう伝える。 ＊ホームプロジェクトの評価について知らせる。 ＊過去の研究発表大会のDVDを視聴させたり，ホームプロジェクトコンクール入選作品について紹介したりするのも一つの方法である。
2 ・ 3	**ホームプロジェクトの計画** 【ねらい】ホームプロジェクトの課題を設定し，その解決方法について考える。 ・「課題発見シート」をグループで共有する。 ・ホームプロジェクトの題目を設定し，目標を明確化する。 ・課題を解決するための具体的方法について考える。 ・グループで発表し合う。 ・他者の意見や新たな情報により，自分の計画を検討・改善する。　　　　　　[展開例1]	思 態		・自己の家庭生活について課題を設定し，解決方法を考え，実戦に向けた計画を工夫している。 　　　　　　　　　　　**ワークシート** ・自己の家庭生活について，課題の解決に主体的に取り組もうとしている。 ＊内容AからCまでの学習や中学校の内容「A家族・家庭生活」の「(4)家族・家庭生活についての課題と実践」など，これまでの学習を振り返り，課題を設定するよう助言する。 ＊ICT端末を活用し，課題解決の方法について調べさせる。
	家庭での実践	思 態	○ ○	・課題の解決に向けた一連の活動について，考察したことを論理的に表現している。 ・課題の解決に主体的に取り組んだり，一連の活動について振り返って改善したりしている。 　　　　　　　　　　　**実践シート**
4	**ホームプロジェクトの評価と改善** 【ねらい】ホームプロジェクトの実践について，評価・改善するとともに，よりよい社会の構築に向けて，家庭生活や地域の生活に関する新たな課題を見付け，次の実践に取り組もうとする。 ・グループごとに発表を行い，互いに評価する。			

	・グループ内での意見を踏まえ，実践を評価し，改善する。 ・ホームプロジェクトを学校家庭クラブ活動につなげることを考える。 ・全体を振り返るとともに，家庭生活のさらなる充実・向上のため，新たな課題を見付け，次の実践に向けて考えたことをまとめる。　　　　　[展開例2]	態	○	・課題の解決に向けた一連の活動を振り返って，改善しようとしている。 ・家庭生活や地域の生活に関する新たな課題を見付け，次の実践に取り組もうとしている。 　　　　　　　　　　　　　ポートフォリオ ＊次の実践につながるようにする。 ＊グループ発表の中から家庭クラブ活動で取り組んでみたい実践を選び，どのように展開するかなどを考えさせる。 ＊地域社会の生活向上を目的とするのが学校家庭クラブ活動であり，ホームプロジェクトの実践を拡大することで，つなげていくことができることを知らせる。

[展開例1]（2，3／4時間）

（1）**小単元名**　　ホームプロジェクトの計画

（2）**本時のねらい**

　　ホームプロジェクトの課題を設定し，その解決方法について考える。

（3）**学習活動と評価**

時間	学習活動	指導上の留意点	評価場面・評価方法
（分） 5	1　本時の学習目標を確認する。 　ホームプロジェクトの課題を設定し，その解決方法について考えよう。		
15	2　「課題発見シート」をグループで共有し，互いに意見を交換する。		
30	3　他者のシートも参考に，自分が最も解決したい課題を選ぶ。「課題掘り下げシート」を用いて目標を明確化する。	・他者の考えも参考にして，自己の生活を見直すよう助言する。 ・研究を進める上で，課題を把握し，目標を明確に定めることが大切であることを知らせる。	課題設定及び計画を立てる場面 ■評価方法 **ワークシート**［例1］ 思考・判断・表現① 指導に生かす評価
45	4　課題を解決するための具体的方法について考え，実践計画を作成する。 5　ペアやグループで実践計画を発表し合い，よいところ，アドバイス等を付箋に記入する。 ・ペア（グループ）ワークを踏まえて，実践計画を改善する。	・ICT端末等を活用して，様々な解決方法の中から，自己の実践に適切な解決方法について検討させる。 ・他者の発表や，もらった意見をもとに，実践計画の改善点をまとめさせる。	
5	6　本時の学習をまとめ，実践に向けて確認する。		振り返り，学習をまとめる場面 ■評価方法 **ワークシート**［例1］ 主体的に学習に取り組む態度① 指導に生かす評価

（4）「思考・判断・表現」の評価規準①の評価について

　評価規準①については，ワークシート［例１］の題目設定の理由及び計画の記述内容を「指導に生かす評価」とする。ホームプロジェクトの実施に当たっては，まず，目標を明確にして綿密な実践計画を作成することが重要であることから，「努力を要する」状況（C）と判断される生徒を確認し，その後の指導に生かしていく。「努力を要する」状況（C）と判断される生徒に対しては，ワークシート返却の際に，友達や教師からのアドバイスを参考にするよう助言するなど，個に応じた指導を工夫し，生徒が主体的に実践できるように支援する。

　生徒Nは，自己の家庭生活の中から課題を見いだし，課題解決を目指して計画を立てていることから，「おおむね満足できる」状況（B）と判断した。

　また，生徒Mは，家庭科の学習を踏まえ，自分の家庭生活と関連付けて課題を設定し，解決方法について具体的に考えている。また，持続可能な社会の構築にも結びついており，今日的な内容であることから，（A）と判断した。

ワークシート［例１］

「課題掘り下げシート」を踏まえて、題目及び計画を完成させよう！

題目	
題目設定の理由	＜家庭科での学び＞
	＜我が家の現状＞ 　　思考・判断・表現①
	＜課題意識＞
計画（予定）	態①
友達からのアドバイス	
教師からのアドバイス	
＜題目を設定する上で難しかったこと＞	
＜実践に向けて考えていること＞	

生徒Nのワークシートの一部

課題設定の理由	＜家庭科での学び＞ ・食べられるのに廃棄されている食品を「食品ロス」という。 ・食品ロスを減らすためには，食品を買いすぎない。料理を作りすぎないなどが大切。
	＜我が家の現状＞ ・買い物や料理は親がしている。 ・冷蔵庫や棚は常に食品でいっぱいで，期限が過ぎて捨ててしまうこともある。
	＜課題意識＞ ・我が家の食品ロスがどのくらいか，調べてみたい。
計画（予定）	1　実態調査 　・2週間，我が家の食品ロスの状況について調べる。 2　調査結果から問題点を把握する 3　改善方法について考える 　・買い物の工夫 　・食品の有効活用 4　反省・評価

生徒Mのワークシートの一部

課題設定の理由	＜家庭科での学び＞ ・日本の食品ロス量を国民1人当たりに換算すると，毎日ご飯茶碗1杯分を捨てていることになると習った。 ・賞味期限については，期限が過ぎたからといってすぐ食べられなくなるわけではないことも知った。
	＜我が家の現状＞ ・我が家の冷蔵庫は常に食品でいっぱいで，知らない間に消費期限が過ぎていて，捨ててしまうことも多い。 ・災害に備えるという理由で，レトルト食品や缶詰などを買いだめしていて，把握できていない。
	＜課題意識＞ ・どうすれば，食品ロスを出さずにすむか，できることに取り組みたい。
計画（予定）	1　実態調査 ・2週間，我が家の食品ロスの状況を調査する 2　調査結果から問題点を把握する 3　改善方法について考える 　・冷蔵庫の整理と買い物の工夫 　・ストック食品の管理の工夫 　・献立の工夫 4　反省・評価

（5）「主体的に学習に取り組む態度」の評価規準①の評価について

評価規準①については，課題の解決に向けて主体的に取り組もうとしているかについて，ワークシート［例１］の記述内容から評価する。

生徒Nは，課題の解決に向けて見通しをもち，他の生徒のアドバイスを生かして取り組もうとしていることから，「おおむね満足できる」状況（B）と判断した。その際，「努力を要する」状況（C）と判断される生徒に対しては，教科書等の事例を参考にするよう促したり，具体的に助言したりするなどして，生徒が主体的に活動に取り組むことができるようにする。

また，生徒Mは，他の生徒のアドバイスをもとに，自ら疑問点を調べたり，方法について考えたりするとともに，家族の協力を得ようとするなど，よりよい実践となるように取り組もうとしていることから，（A）と判断した。

生徒Nのワークシートの一部

〈題目を設定する上で難しかったこと〉
・家庭科の授業と結び付けて課題を考えることが難しかった。

〈実践に向けて考えていること〉
・家の状況や食品ロスを減らす方法を調べて，実践してみたい。
・グループの人からもらった意見やアドバイスも取り入れて実践しようと思う。

生徒Mのワークシートの一部

〈題目を設定する上で難しかったこと〉
・最初，自分の家庭生活の中から課題を見つけること自体が難しかった。
・グループの人の話を聞くことで，ヒントを得ることができた。

〈実践に向けて考えていること〉
・グループの人から，食品ロスにもいろいろあるのではないか，どういう調査をするのかと聞かれたので調べてみた。家庭系食品ロスの内訳は①過剰除去②食べ残し③直接廃棄の3種類に分けられることが分かった。今回は，特に③について調べてみようと思う。
・家族の協力も必要なので，ホームプロジェクトについて説明しようと思う。

展開例2 （4／4時間）

（1）小単元名　　ホームプロジェクトの評価と改善

（2）本時のねらい

ホームプロジェクトの実践について，評価・改善するとともに，よりよい社会の構築に向けて，家庭生活や地域の生活に関する新たな課題を見付け，次の実践に取り組もうとする。

（3）学習活動と評価

時間	学習活動	指導上の留意点	評価場面・評価方法
（分）5	1　本時の学習目標を確認する。		
	ホームプロジェクトの実践について共有し，家庭生活における次の課題や，学校家庭クラブ活動へつなげよう。		
35	2　ホームプロジェクトの実践をグループごとに発表し，相互評価をする。	・意見を付箋に記入し，相互に評価させる。 青色付箋…良かった点 黄色付箋…アドバイス 桃色付箋…質問	
	3　ホームプロジェクトの実践を振り返り，実践した結果を評価したり，改善したりする。 4　ホームプロジェクトを学校家庭クラブ活動につなげることを考える。	・他者の発表や，もらった意見をもとに，改善点をまとめさせる。 ・グループ発表の中から家庭クラブ活動で取り組んでみたい実践を一つ選び，どのように展開するかなどを考えさせる。	

10	5　家庭生活の向上に向けて，改善策を見付け，次の実践に向けて考えたことをまとめる。		実践を振り返り，学習をまとめる場面 ■評価方法 **ポートフォリオ** 主体的に学習に取り組む態度③ 記録に残す評価

（4）「主体的に学習に取り組む態度」の評価規準③の評価について

　　第4時の評価規準③については，他者の実践報告を聞くことで，自分の実践を振り返ったり，改善点を見いだして，次の課題解決に向けてさらなる実践に取り組もうとしているかについて，ポートフォリオの記述内容から評価する。

　　生徒Nは，他の生徒の発表を参考にして実践を振り返り，今後も継続して粘り強く取り組もうとしていることから，「おおむね満足できる」状況（B）と判断した。その際，「努力を要する」状況（C）と判断される生徒に対しては，グループの生徒が記入した付箋を参考にするように促して改善点を見いだせるようにするなど，個に応じた支援を行う。

　　また，生徒Mは，他の生徒の実践から自分の実践を振り返ったり，他の生徒からの意見を参考に，これからの改善策について具体的に記述したりしていることから，（A）と判断した。

生徒Nのポートフォリオの一部

〈他の人の実践を聞いて思ったこと〉
・○○さんは，詳しく調べていてすごいなと思った。
・△△さんのレシピで私も作ってみようと思った。
〈友達からの感想〉
省略
〈改善策〉
・これからも冷蔵庫や食品棚の整理を続けようと思う。整理の方法について，消費期限や賞味期限がわかりやすいような工夫をしたい。
・このホームプロジェクトをきっかけに，家族と協力して，我が家の食品ロス削減に向けてできることから取り組んでいきたい。

生徒Mのポートフォリオの一部

〈他の人の実践を聞いて思ったこと〉
・○○さんは，公的な機関に出かけて聞き取りするなどしていてすごいと思った。私の家の状況だけでなく，住んでいる地域や日本，他国についても調べてみるのもいいと思った。
・△△さんのように，家族にインタビューしてみるのもおもしろいと思った。
〈友達からの感想〉
省略
〈改善策〉
・○○さんから，廃棄した食品についてお金に換算してみたら，もったいないという意識がはたらいて，家族の協力がもっと得られるのではないかとアドバイスをもらった。おもしろそうなのでやってみたい。「今週捨ててしまったお金」などとして，冷蔵庫に貼るなどしたら，無駄をなくそうと思えるかも。
・調理する過程での食品ロス削減についても，家族と協力していきたい。
・過剰除去には，調理技術の不足もあると思う。技術を身に付けていきたい。

【参考資料】家庭における実践の評価について

　　家庭における実践については，「実践シート」の［実施状況］，［反省・評価］の記述内容から「思考・判断・表現」の評価規準②を，［実施状況］の記述内容から「主体的に学習に取り組む態度」の評価規準②を評価する。

（1）「思考・判断・表現」の評価規準②の評価について

　評価規準②については，「計画に沿って実践するとともに，自分の実践を振り返り，課題がどのように解決されたか論理的に説明し，改善策について記載するなど，計画，実践，改善の課題解決のプロセスに沿ったものになっているか」について評価する。

（2）「主体的に学習に取り組む態度」の評価規準③の評価について

　評価規準③については，「自分で課題に粘り強く取り組み，うまくいかない場合は，他の解決方法を検討し，課題の解決に向けて再度実践を行うなど，自ら学習を調整しようとする態度」について，実践シートの記述内容から評価する。

実践シート（例）

題目
題目設定の理由
実施計画
実施状況

主体的に学習に取り組む態度③

思考・判断・表現②

反省・評価
家族からのコメント

巻末資料

高等学校家庭科における「内容のまとまりごとの評価規準（例）」

第1　家庭基礎

1　目標と評価の観点の趣旨（例）

	(1)	(2)	(3)
目標	人の一生と家族・家庭及び福祉，衣食住，消費生活・環境などについて，生活を主体的に営むために必要な基礎的な理解を図るとともに，それらに係る技能を身に付けるようにする。	家庭や地域及び社会における生活の中から問題を見いだして課題を設定し，解決策を構想し，実践を評価・改善し，考察したことを根拠に基づいて論理的に表現するなど，生涯を見通して課題を解決する力を養う。	様々な人々と協働し，よりよい社会の構築に向けて，地域社会に参画しようとするとともに，自分や家庭，地域の生活の充実向上を図ろうとする実践的な態度を養う。

（高等学校学習指導要領 P. 181）

観点	知識・技能	思考・判断・表現	主体的に学習に取り組む態度
趣旨	生活を主体的に営むために必要な人の一生と家族・家庭及び福祉，衣食住，消費生活・環境などの基礎的なことについて理解しているとともに，それらに係る技能を身に付けている。	生涯を見通して，家庭や地域及び社会における生活の中から問題を見いだして課題を設定し，解決策を構想し，実践を評価・改善し，考察したことを根拠に基づいて論理的に表現するなどして課題を解決する力を身に付けている。	様々な人々と協働し，よりよい社会の構築に向けて，課題の解決に主体的に取り組んだり，振り返って改善したりして，地域社会に参画しようとするとともに，自分や家庭，地域の生活の充実向上を図るために実践しようとしている。

2　内容のまとまりごとの評価規準（例）

A　人の一生と家族・家庭及び福祉

(1)　生涯の生活設計

知識・技能	思考・判断・表現	主体的に学習に取り組む態度
人の一生について，自己と他者，社会との関わりから様々な生き方があることを理解しているとともに，自立した生活を営むために必要な情報の収集・整理を行い，生涯を見通して，生活課題に対応し意思決定をしていくこ	生涯を見通した自己の生活について主体的に考え，ライフスタイルと将来の家庭生活及び職業生活について問題を見いだして課題を設定し，解決策を構想し，実践を評価・改善し，考察したことを根拠に基づいて論理的に表現	様々な人々と協働し，よりよい社会の構築に向けて，生涯の生活設計について，課題の解決に主体的に取り組んだり，振り返って改善したりして，地域社会に参画しようとするとともに，自分や家庭，地域の生活の充実

知識・技能	思考・判断・表現	主体的に学習に取り組む態度
との重要性について理解を深めている。	するなどして課題を解決する力を身に付けている。	向上を図るために実践しようとしている。

(2) 青年期の自立と家族・家庭

知識・技能	思考・判断・表現	主体的に学習に取り組む態度
生涯発達の視点で青年期の課題を理解しているとともに，家族・家庭の機能と家族関係，家族・家庭生活を取り巻く社会環境の変化や課題，家族・家庭と社会との関わりについて理解を深めている。	家庭や地域のよりよい生活を創造するために，自己の意思決定に基づき，責任をもって行動することや，男女が協力して，家族の一員としての役割を果たし家庭を築くことの重要性について問題を見いだして課題を設定し，解決策を構想し，実践を評価・改善し，考察したことを根拠に基づいて論理的に表現するなどして課題を解決する力を身に付けている。	様々な人々と協働し，よりよい社会の構築に向けて，青年期の自立と家族・家庭について，課題の解決に主体的に取り組んだり，振り返って改善したりして，地域社会に参画しようとするとともに，自分や家庭，地域の生活の充実向上を図るために実践しようとしている。

(3) 子供の生活と保育

知識・技能	思考・判断・表現	主体的に学習に取り組む態度
乳幼児期の心身の発達と生活，親の役割と保育，子供を取り巻く社会環境，子育て支援について理解しているとともに，乳幼児と適切に関わるための基礎的な技能を身に付けている。	子供の健やかな発達のために親や家族及び地域や社会の果たす役割の重要性について問題を見いだして課題を設定し，解決策を構想し，実践を評価・改善し，考察したことを根拠に基づいて論理的に表現するなどして課題を解決する力を身に付けている。	様々な人々と協働し，よりよい社会の構築に向けて，子供の生活と保育について，課題の解決に主体的に取り組んだり，振り返って改善したりして，地域社会に参画しようとするとともに，自分や家庭，地域の生活の充実向上を図るために実践しようとしている。

(4) 高齢期の生活と福祉

知識・技能	思考・判断・表現	主体的に学習に取り組む態度
高齢期の心身の特徴，高齢者を取り巻く社会環境，高齢者の尊厳と自立生活の支援や介護について理解しているとともに，生活支援に関する基礎的な技能を	高齢者の自立生活を支えるために，家族や地域及び社会の果たす役割の重要性について問題を見いだして課題を設定し，解決策を構想し，実践を評価・改善	様々な人々と協働し，よりよい社会の構築に向けて，高齢期の生活と福祉について，課題の解決に主体的に取り組んだり，振り返って改善したりして，地域

知識・技能	思考・判断・表現	主体的に学習に取り組む態度
身に付けている。	し，考察したことを根拠に基づいて論理的に表現するなどして課題を解決する力を身に付けている。	社会に参画しようとするとともに，自分や家庭，地域の生活の充実向上を図るために実践しようとしている。

(5) 共生社会と福祉

知識・技能	思考・判断・表現	主体的に学習に取り組む態度
生涯を通して家族・家庭の生活を支える福祉や社会的支援について理解している。	家庭や地域及び社会の一員としての自覚をもって共に支え合って生活することの重要性について問題を見いだして課題を設定し，解決策を構想し，実践を評価・改善し，考察したことを根拠に基づいて論理的に表現するなどして課題を解決する力を身に付けている。	様々な人々と協働し，よりよい社会の構築に向けて，共生社会と福祉について，課題の解決に主体的に取り組んだり，振り返って改善したりして，地域社会に参画しようとするとともに，自分や家庭，地域の生活の充実向上を図るために実践しようとしている。

B 衣食住の生活の自立と設計
(1) 食生活と健康

知識・技能	思考・判断・表現	主体的に学習に取り組む態度
・ライフステージに応じた栄養の特徴や食品の栄養的特質，健康や環境に配慮した食生活について理解しているとともに，自己や家族の食生活の計画・管理に必要な技能を身に付けている。 ・おいしさの構成要素や食品の調理上の性質，食品衛生について理解しているとともに，目的に応じた調理に必要な技能を身に付けている。	食の安全や食品の調理上の性質，食文化の継承を考慮した献立作成や調理計画，健康や環境に配慮した食生活について問題を見いだして課題を設定し，解決策を構想し，実践を評価・改善し，考察したことを根拠に基づいて論理的に表現するなどして課題を解決する力を身に付けている。	様々な人々と協働し，よりよい社会の構築に向けて，食生活と健康について，課題の解決に主体的に取り組んだり，振り返って改善したりして，地域社会に参画しようとするとともに，自分や家庭，地域の生活の充実向上を図るために実践しようとしている。

(2) 衣生活と健康

知識・技能	思考・判断・表現	主体的に学習に取り組む態度
・ライフステージや目的に応じた被服の機能と着装について理解しているとともに，健康	被服の機能性や快適性について問題を見いだして課題を設定し，解決策を構想し，実践を評価・改	様々な人々と協働し，よりよい社会の構築に向けて，衣生活と健康について，課題の解決に主

知識・技能	思考・判断・表現	主体的に学習に取り組む態度
で快適な衣生活に必要な情報の収集・整理ができる。 ・被服材料,被服構成及び被服衛生について理解しているとともに,被服の計画・管理に必要な技能を身に付けている。	善し,考察したことを根拠に基づいて論理的に表現するなどして課題を解決する力を身に付けている。	体的に取り組んだり,振り返って改善したりして,地域社会に参画しようとするとともに,自分や家庭,地域の生活の充実向上を図るために実践しようとしている。

(3) 住生活と住環境

知識・技能	思考・判断・表現	主体的に学習に取り組む態度
ライフステージに応じた住生活の特徴,防災などの安全や環境に配慮した住居の機能について理解しているとともに,適切な住居の計画・管理に必要な技能を身に付けている。	住居の機能性や快適性,住居と地域社会との関わりについて問題を見いだして課題を設定し,解決策を構想し,実践を評価・改善し,考察したことを根拠に基づいて論理的に表現するなどして課題を解決する力を身に付けている。	様々な人々と協働し,よりよい社会の構築に向けて,住生活と住環境について,課題の解決に主体的に取り組んだり,振り返って改善したりして,地域社会に参画しようとするとともに,自分や家庭,地域の生活の充実向上を図るために実践しようとしている。

C　持続可能な消費生活・環境

(1) 生活における経済の計画

知識・技能	思考・判断・表現	主体的に学習に取り組む態度
家計の構造や生活における経済と社会との関わり,家計管理について理解している。	生涯を見通した生活における経済の管理や計画の重要性について問題を見いだして課題を設定し,解決策を構想し,実践を評価・改善し,考察したことを根拠に基づいて論理的に表現するなどして課題を解決する力を身に付けている。	様々な人々と協働し,よりよい社会の構築に向けて,生活における経済の計画について,課題の解決に主体的に取り組んだり,振り返って改善したりして,地域社会に参画しようとするとともに,自分や家庭,地域の生活の充実向上を図るために実践しようとしている。

(2) 消費行動と意思決定

知識・技能	思考・判断・表現	主体的に学習に取り組む態度
消費者の権利と責任を自覚して行動できるよう消費生活の現状と課題,消費行動における意思決定や契約の重要性,消費者保	自立した消費者として,生活情報を活用し,適切な意思決定に基づいて行動することや責任ある消費について問題を見いだして課	様々な人々と協働し,よりよい社会の構築に向けて,消費行動と意思決定について,課題の解決に主体的に取り組んだり,振

| 護の仕組みについて理解しているとともに，生活情報を適切に収集・整理できる。 | 題を設定し，解決策を構想し，実践を評価・改善し，考察したことを根拠に基づいて論理的に表現するなどして課題を解決する力を身に付けている。 | り返って改善したりして，地域社会に参画しようとするとともに，自分や家庭，地域の生活の充実向上を図るために実践しようとしている。 |

(3) 持続可能なライフスタイルと環境

知識・技能	思考・判断・表現	主体的に学習に取り組む態度
生活と環境との関わりや持続可能な消費について理解しているとともに，持続可能な社会へ参画することの意義について理解している。	持続可能な社会を目指して主体的に行動できるよう，安全で安心な生活と消費について問題を見いだして課題を設定し，解決策を構想し，実践を評価・改善し，考察したことを根拠に基づいて論理的に表現するなどして課題を解決する力を身に付けている。	様々な人々と協働し，よりよい社会の構築に向けて，持続可能なライフスタイルと環境について，課題の解決に主体的に取り組んだり，振り返って改善したりして，地域社会に参画しようとするとともに，自分や家庭，地域の生活の充実向上を図るために実践しようとしている。

D　ホームプロジェクトと学校家庭クラブ活動

知識・技能	思考・判断・表現	主体的に学習に取り組む態度
ホームプロジェクト及び学校家庭クラブ活動の意義と実施方法について理解している。	自己の家庭生活や地域の生活と関連付けて生活上の問題を見いだして課題を設定し，解決策を構想し，実践を評価・改善し，考察したことを根拠に基づいて論理的に表現するなどして課題を解決する力を身に付けている。	様々な人々と協働し，よりよい社会の構築に向けて，ホームプロジェクトと学校家庭クラブ活動について，課題の解決に主体的に取り組んだり，振り返って改善したりして，地域社会に参画しようとするとともに，自分や家庭，地域の生活の充実向上を図るために実践しようとしている。

第2　家庭総合

1　目標と評価の観点及びその趣旨

	(1)	(2)	(3)
目標	人の一生と家族・家庭及び福祉，衣食住，消費生活・環境などについて，生活を主体的に営むために必要な科学的な理解を図るとともに，それらに係る技能を体験的・総合的に身に付けるようにする。	家庭や地域及び社会における生活の中から問題を見いだして課題を設定し，解決策を構想し，実践を評価・改善し，考察したことを科学的な根拠に基づいて論理的に表現するなど，生涯を見通して課題を解決する力を養う。	様々な人々と協働し，よりよい社会の構築に向けて，地域社会に参画しようとするとともに，生活文化を継承し，自分や家庭，地域の生活の充実向上を図ろうとする実践的な態度を養う。

(高等学校学習指導要領 P.184)

観点	知識・技能	思考・判断・表現	主体的に学習に取り組む態度
趣旨	生活を主体的に営むために必要な人の一生と家族・家庭及び福祉，衣食住，消費生活・環境などについて科学的に理解しているとともに，それらに係る技能を体験的・総合的に身に付けている。	生涯を見通して，家庭や地域及び社会における生活の中から問題を見いだして課題を設定し，解決策を構想し，実践を評価・改善し，考察したことを科学的な根拠に基づいて論理的に表現するなどして課題を解決する力を身に付けている。	様々な人々と協働し，よりよい社会の構築に向けて，課題の解決に主体的に取り組んだり，振り返って改善したりして，地域社会に参画しようとするとともに，生活文化を継承し，自分や家庭，地域の生活の充実向上を図るために実践しようとしている。

2　内容のまとまりごとの評価規準（例）

A　人の一生と家族・家庭及び福祉

(1) 生涯の生活設計

知識・技能	思考・判断・表現	主体的に学習に取り組む態度
・人の一生について，自己と他者，社会との関わりから様々な生き方があることを理解しているとともに，自立した生活を営むために，生涯を見通して，生活課題に対応し意思決定をしていくことの重要性について理解を深めている。	生涯を見通した自己の生活について主体的に考え，ライフスタイルと将来の家庭生活及び職業生活について考察するとともに，生活資源を活用した生活設計について問題を見いだして課題を設定し，解決策を構想し，実践を評価・改善し，考察したことを根拠	様々な人々と協働し，よりよい社会の構築に向けて，生涯の生活設計について，課題の解決に主体的に取り組んだり，振り返って改善したりして，地域社会に参画しようとするとともに，生活文化を継承し，自分や家庭，地域の生活の充実向上を図るた

知識・技能	思考・判断・表現	主体的に学習に取り組む態度
・生活の営みに必要な金銭, 生活時間などの生活資源について理解しているとともに, 情報の収集・整理が適切にできる。	に基づいて論理的に表現するなどして課題を解決する力を身に付けている。	めに実践しようとしている。

(2) 青年期の自立と家族・家庭及び社会

知識・技能	思考・判断・表現	主体的に学習に取り組む態度
・生涯発達の視点から各ライフステージの特徴と課題について理解しているとともに, 青年期の課題である自立や男女の平等と協力, 意思決定の重要性について理解を深めている。 ・家族・家庭の機能と家族関係, 家族・家庭と法律, 家庭生活と福祉などについて理解しているとともに, 家族・家庭の意義, 家族・家庭と社会との関わり, 家族・家庭を取り巻く社会環境の変化や課題について理解を深めている。	家庭や地域のよりよい生活を創造するために, 自己の意思決定に基づき, 責任をもって行動することや, 男女が協力して, 家族の一員としての役割を果たし家庭を築くことの重要性について問題を見いだして課題を設定し, 解決策を構想し, 実践を評価・改善し, 考察したことを根拠に基づいて論理的に表現するなどして課題を解決する力を身に付けている。	様々な人々と協働し, よりよい社会の構築に向けて, 青年期の自立と家族・家庭及び社会について, 課題の解決に主体的に取り組んだり, 振り返って改善したりして, 地域社会に参画しようとするとともに, 生活文化を継承し, 自分や家庭, 地域の生活の充実向上を図るために実践しようとしている。

(3) 子供との関わりと保育・福祉

知識・技能	思考・判断・表現	主体的に学習に取り組む態度
・乳幼児期の心身の発達と生活, 子供の遊びと文化, 親の役割と保育, 子育て支援について理解を深め, 子供の発達に応じて適切に関わるための技能を身に付けている。 ・子供を取り巻く社会環境の変化や課題及び子供の福祉について理解を深めている。	子供の健やかな発達を支えるために, 子供との適切な関わり方について問題を見いだして課題を設定し, 解決策を構想し, 実践を評価・改善し, 考察したことを根拠に基づいて論理的に表現するなどして課題を解決する力を身に付けている。	様々な人々と協働し, よりよい社会の構築に向けて, 子供との関わりと保育・福祉について, 課題の解決に主体的に取り組んだり, 振り返って改善したりして, 地域社会に参画しようとするとともに, 生活文化を継承し, 自分や家庭, 地域の生活の充実向上を図るために実践しようとしている。

巻末
資料

(4) 高齢者との関わりと福祉

知識・技能	思考・判断・表現	主体的に学習に取り組む態度
・高齢期の心身の特徴，高齢者の尊厳と自立生活の支援や介護について理解を深め，高齢者の心身の状況に応じて適切に関わるための生活支援に関する技能を身に付けている。 ・高齢者を取り巻く社会環境の変化や課題及び高齢者福祉について理解を深めている。	高齢者の自立生活を支えるために，高齢者の心身の状況に応じた適切な支援の方法や関わり方について問題を見いだして課題を設定し，解決策を構想し，実践を評価・改善し，考察したことを根拠に基づいて論理的に表現するなどして課題を解決する力を身に付けている。	様々な人々と協働し，よりよい社会の構築に向けて，高齢者との関わりと福祉について，課題の解決に主体的に取り組んだり，振り返って改善したりして，地域社会に参画しようとするとともに，生活文化を継承し，自分や家庭，地域の生活の充実向上を図るために実践しようとしている。

(5) 共生社会と福祉

知識・技能	思考・判断・表現	主体的に学習に取り組む態度
・生涯を通して家族・家庭の生活を支える福祉や社会的支援について理解している。 ・家庭と地域との関わりについて理解しているとともに，高齢者や障害のある人々など様々な人々が共に支え合って生きることの意義について理解を深めている。	家庭や地域及び社会の一員としての自覚をもち，様々な人々との関わり方について問題を見いだして課題を設定し，解決策を構想し，実践を評価・改善し，考察したことを根拠に基づいて論理的に表現するなどして課題を解決する力を身に付けている。	様々な人々と協働し，よりよい社会の構築に向けて，共生社会と福祉について，課題の解決に主体的に取り組んだり，振り返って改善したりして，地域社会に参画しようとするとともに，生活文化を継承し，自分や家庭，地域の生活の充実向上を図るために実践しようとしている。

B　衣食住の生活の科学と文化
(1) 食生活の科学と文化

知識・技能	思考・判断・表現	主体的に学習に取り組む態度
・食生活を取り巻く課題，食の安全と衛生，日本と世界の食文化など，食と人との関わりについて理解している。 ・ライフステージの特徴や課題に着目し，栄養の特徴，食品の栄養的特質，健康や環境に配慮した食生活について理解しているとともに，自己と家族の食生活の計画・管理に必要	主体的に食生活を営むことができるよう健康及び環境に配慮した自己と家族の食事，日本の食文化の継承・創造について問題を見いだして課題を設定し，解決策を構想し，実践を評価・改善し，考察したことを根拠に基づいて論理的に表現するなどして課題を解決する力を身に付けている。	様々な人々と協働し，よりよい社会の構築に向けて，食生活の科学と文化について，課題の解決に主体的に取り組んだり，振り返って改善したりして，地域社会に参画しようとするとともに，生活文化を継承し，自分や家庭，地域の生活の充実向上を図るために実践しようとしている。

巻末資料

知識・技能	思考・判断・表現	主体的に学習に取り組む態度
な技能を身に付けている。 ・おいしさの構成要素や食品の調理上の性質，食品衛生について科学的に理解し，目的に応じた調理に必要な技能を身に付けている。		

(2) 衣生活の科学と文化

知識・技能	思考・判断・表現	主体的に学習に取り組む態度
・衣生活を取り巻く課題，日本と世界の衣文化など，被服と人との関わりについて理解を深めている。 ・ライフステージの特徴や課題に着目し，身体特性と被服の機能及び着装について理解しているとともに，健康と安全，環境に配慮した自己と家族の衣生活の計画・管理に必要な情報の収集・整理ができる。 ・被服材料，被服構成，被服製作，被服衛生及び被服管理について科学的に理解し，衣生活の自立に必要な技能を身に付けている。	主体的に衣生活を営むことができるよう目的や個性に応じた健康で快適，機能的な着装や日本の衣文化の継承・創造について問題を見いだして課題を設定し，解決策を構想し，実践を評価・改善し，考察したことを根拠に基づいて論理的に表現するなどして課題を解決する力を身に付けている。	様々な人々と協働し，よりよい社会の構築に向けて，衣生活の科学と文化について，課題の解決に主体的に取り組んだり，振り返って改善したりして，地域社会に参画しようとするとともに，生活文化を継承し，自分や家庭，地域の生活の充実向上を図るために実践しようとしている。

(3) 住生活の科学と文化

知識・技能	思考・判断・表現	主体的に学習に取り組む態度
・住生活を取り巻く課題，日本と世界の住文化など，住まいと人との関わりについて理解を深めている。 ・ライフステージの特徴や課題に着目し，住生活の特徴，防災などの安全や環境に配慮した住居の機能について科学的に理解し，住生活の計画・管理に必要な技能を身に付けてい	主体的に住生活を営むことができるようライフステージと住環境に応じた住居の計画，防災などの安全や環境に配慮した住生活とまちづくり，日本の住文化の継承・創造について問題を見いだして課題を設定し，解決策を構想し，実践を評価・改善し，考察したことを根拠に基づいて論理的に表現するなどして課題	様々な人々と協働し，よりよい社会の構築に向けて，住生活の科学と文化について，課題の解決に主体的に取り組んだり，振り返って改善したりして，地域社会に参画しようとするとともに，生活文化を継承し，自分や家庭，地域の生活の充実向上を図るために実践しようとしている。

	思考・判断・表現	
る。 ・家族の生活やライフスタイルに応じた持続可能な住居の計画について理解し，快適で安全な住空間を計画するために必要な情報を収集・整理できる。	を解決する力を身に付けている。	

C 持続可能な消費生活・環境

(1) 生活における経済の計画

知識・技能	思考・判断・表現	主体的に学習に取り組む態度
・家計の構造について理解しているとともに生活における経済と社会との関わりについて理解を深めている。 ・生涯を見通した生活における経済の管理や計画，リスク管理の考え方について理解を深め，情報の収集・整理が適切にできる。	生涯を見通した生活における経済の管理や計画の重要性について，ライフステージごとの課題や社会保障制度などと関連付けて問題を見いだして課題を設定し，解決策を構想し，実践を評価・改善し，考察したことを根拠に基づいて論理的に表現するなどして課題を解決する力を身に付けている。	様々な人々と協働し，よりよい社会の構築に向けて，生活における経済の計画について，課題の解決に主体的に取り組んだり，振り返って改善したりして，地域社会に参画しようとするとともに，生活文化を継承し，自分や家庭，地域の生活の充実向上を図るために実践しようとしている。

巻末
資料

(2) 消費行動と意思決定

知識・技能	思考・判断・表現	主体的に学習に取り組む態度
・消費生活の現状と課題，消費行動における意思決定や責任ある消費の重要性について理解を深めているとともに，生活情報の収集・整理が適切にできる。 ・消費者の権利と責任を自覚して行動できるよう，消費者問題や消費者の自立と支援などについて理解しているとともに，契約の重要性や消費者保護の仕組みについて理解を深めている。	自立した消費者として，生活情報を活用し，適切な意思決定に基づいて行動できるよう，責任ある消費について問題を見いだして課題を設定し，解決策を構想し，実践を評価・改善し，考察したことを根拠に基づいて論理的に表現するなどして課題を解決する力を身に付けている。	様々な人々と協働し，よりよい社会の構築に向けて，消費行動と意思決定について，課題の解決に主体的に取り組んだり，振り返って改善したりして，地域社会に参画しようとするとともに，生活文化を継承し，自分や家庭，地域の生活の充実向上を図るために実践しようとしている。

(3) 持続可能なライフスタイルと環境

知識・技能	思考・判断・表現	主体的に学習に取り組む態度
生活と環境との関わりや持続可能な消費について理解しているとともに，持続可能な社会へ参画することの意義について理解を深めている。	持続可能な社会を目指して主体的に行動できるよう，ライフスタイルについて問題を見いだして課題を設定し，解決策を構想し，実践を評価・改善し，考察したことを根拠に基づいて論理的に表現するなどして課題を解決する力を身に付けている。	様々な人々と協働し，よりよい社会の構築に向けて，持続可能なライフスタイルと環境について，課題の解決に主体的に取り組んだり，振り返って改善したりして，地域社会に参画しようとするとともに，生活文化を継承し，自分や家庭，地域の生活の充実向上を図るために実践しようとしている。

D　ホームプロジェクトと学校家庭クラブ活動

知識・技能	思考・判断・表現	主体的に学習に取り組む態度
ホームプロジェクト及び学校家庭クラブ活動の意義と実施方法について理解している。	自己の家庭生活や地域の生活と関連付けて生活上の問題を見いだして課題を設定し，解決策を構想し，実践を評価・改善し，考察したことを根拠に基づいて論理的に表現するなどして課題を解決する力を身に付けている。	様々な人々と協働し，よりよい社会の構築に向けて，ホームプロジェクトと学校家庭クラブ活動について，課題の解決に主体的に取り組んだり，振り返って改善したりして，地域社会に参画しようとするとともに，生活文化を継承し，自分や家庭，地域の生活の充実向上を図るために実践しようとしている。

評価規準，評価方法等の工夫改善に関する調査研究について

令和 2 年 4 月 13 日　国立教育政策研究所長裁定
令和 2 年 6 月 25 日　一　　部　　改　　正

1　趣　　旨

　　学習評価については，中央教育審議会初等中等教育分科会教育課程部会において「児童生徒の学習評価の在り方について」（平成 31 年 1 月 21 日）の報告がまとめられ，新しい学習指導要領に対応した，各教科等の評価の観点及び評価の観点に関する考え方が示されたところである。

　　これを踏まえ，各小学校，中学校及び高等学校における児童生徒の学習の効果的，効率的な評価に資するため，教科等ごとに，評価規準，評価方法等の工夫改善に関する調査研究を行う。

2　調査研究事項

（1）評価規準及び当該規準を用いた評価方法に関する参考資料の作成

（2）学校における学習評価に関する取組についての情報収集

（3）上記（1）及び（2）に関連する事項

3　実施方法

　　調査研究に当たっては，教科等ごとに教育委員会関係者，教師及び学識経験者等を協力者として委嘱し，2 の事項について調査研究を行う。

4　庶　　務

　　この調査研究にかかる庶務は，教育課程研究センターにおいて処理する。

5　実施期間

　　令和 2 年 5 月 1 日〜令和 3 年 3 月 31 日

　　令和 3 年 4 月 16 日〜令和 4 年 3 月 31 日

巻末
資料

評価規準，評価方法等の工夫改善に関する調査研究協力者（五十音順）

（職名は令和3年4月現在）

石島恵美子	茨城大学准教授	
市毛　祐子	実践女子大学教授	（令和3年4月1日から）
岡本　真澄	大阪府教育センターカリキュラム開発部高等学校教育推進室長	
久保田正芳	神奈川県立光陵高等学校総括教諭	
白濱真紀子	徳島県教委員会学校教育課指導主事	
山村　季代	宮崎県教育研修センター学習研修課指導主事	（令和3年3月31日まで）

国立教育政策研究所においては，次の関係官が担当した。

山村　季代　　国立教育政策研究所教育課程研究センター研究開発部教育課程調査官
（令和3年4月1日から）

市毛　祐子　　国立教育政策研究所教育課程研究センター研究開発部教育課程調査官
（令和3年3月31日まで）

この他，本書編集の全般にわたり，国立教育政策研究所において以下の者が担当した。

鈴木　敏之　　国立教育政策研究所教育課程研究センター長
（令和2年7月1日から）

笹井　弘之　　国立教育政策研究所教育課程研究センター長
（令和2年6月30日まで）

杉江　達也　　国立教育政策研究所教育課程研究センター研究開発部副部長
（令和3年4月1日から）

清水　正樹　　国立教育政策研究所教育課程研究センター研究開発部副部長
（令和3年3月31日まで）

新井　敬二　　国立教育政策研究所教育課程研究センター研究開発部研究開発課長
（令和3年4月1日から令和3年7月31日まで）

岩城由紀子　　国立教育政策研究所教育課程研究センター研究開発部研究開発課長
（令和3年3月31日まで）

間宮　弘介　　国立教育政策研究所教育課程研究センター研究開発部研究開発課指導係長

奥田　正幸　　国立教育政策研究所教育課程研究センター研究開発部研究開発課指導係専門職
（令和3年3月31日まで）

髙辻　正明　　国立教育政策研究所教育課程研究センター研究開発部教育課程特別調査員

前山　大樹　　国立教育政策研究所教育課程研究センター研究開発部教育課程特別調査員
（令和3年4月1日から）

巻末資料

学習指導要領等関係資料について

　学習指導要領等の関係資料は以下のとおりです。いずれも，文部科学省や国立教育政策研究所のウェブサイトから閲覧が可能です。スマートフォンなどで閲覧する際は，以下の二次元コードを読み取って，資料に直接アクセスすることが可能です。本書と併せて是非御覧ください。

---

① 学習指導要領，学習指導要領解説　等
② 中央教育審議会答申「幼稚園，小学校，中学校，高等学校及び特別支援学校の学習指導要領等の改善及び必要な方策等について」（平成 28 年 12 月 21 日）
③ 中央教育審議会初等中等教育分科会教育課程部会報告「児童生徒の学習評価の在り方について」（平成 31 年 1 月 21 日）
④ 小学校，中学校，高等学校及び特別支援学校等における児童生徒の学習評価及び指導要録の改善等について（平成 31 年 3 月 29 日 30 文科初第 1845 号初等中等教育局長通知）
　　　　　　　※各教科等の評価の観点等及びその趣旨や指導要録（参考様式）は，同通知に掲載。
⑤ 学習評価の在り方ハンドブック(小・中学校編)（令和元年 6 月）
⑥ 学習評価の在り方ハンドブック(高等学校編)（令和元年 6 月）
⑦ 平成 29 年改訂の小・中学校学習指導要領に関する Q&A
⑧ 平成 30 年改訂の高等学校学習指導要領に関する Q&A
⑨ 平成 29・30 年改訂の学習指導要領下における学習評価に関する Q&A

巻末
資料

学習評価の在り方ハンドブック

高等学校編

学習指導要領　学習指導要領解説

学習評価の基本的な考え方

学習評価の基本構造

総合的な探究の時間及び特別活動の評価について

観点別学習状況の評価について

学習評価の充実

Q&A　－先生方の質問にお答えします－

文部科学省　国立教育政策研究所教育課程研究センター

学習指導要領

学習指導要領とは, 国が定めた「教育課程の基準」です。

（学校教育法施行規則第52条, 74条, 84条及び129条等より）

■学習指導要領の構成
〈高等学校の例〉

前文　第1章　総則
　　　第2章　各学科に共通する各教科
　　　　　第1節　国語
　　　　　第2節　地理歴史
　　　　　第3節　公民
　　　　　第4節　数学
　　　　　第5節　理科
　　　　　第6節　保健体育
　　　　　第7節　芸術
　　　　　第8節　外国語
　　　　　第9節　家庭
　　　　　第10節　情報
　　　　　第11節　理数
　　　第3章　主として専門学科において
　　　　　　　開設される各教科
　　　　　第1節　農業
　　　　　第2節　工業
　　　　　第3節　商業
　　　　　第4節　水産
　　　　　第5節　家庭
　　　　　第6節　看護
　　　　　第7節　情報
　　　　　第8節　福祉
　　　　　第9節　理数
　　　　　第10節　体育
　　　　　第11節　音楽
　　　　　第12節　美術
　　　　　第13節　英語
　　　第4章　総合的な探究の時間
　　　第5章　特別活動

総則は, 以下の項目で整理され, 全ての教科等に共通する事項が記載されています。

- ●第1款　高等学校教育の基本と教育課程の役割
- ●第2款　教育課程の編成
- ●第3款　教育課程の実施と学習評価
- ●第4款　単位の修得及び卒業の認定
- ●第5款　生徒の発達の支援
- ●第6款　学校運営上の留意事項
- ●第7款　道徳教育に関する配慮事項

> 学習評価の実施に当たっての配慮事項

各教科等の目標, 内容等が記載されています。
（例）第1節　国語
- ●第1款　目標
- ●第2款　各科目
- ●第3款　各科目にわたる指導計画の作成と内容の取扱い

　平成30年改訂学習指導要領の各教科等の目標や内容は, 教育課程全体を通して育成を目指す資質・能力の三つの柱に基づいて再整理されています。

ア　何を理解しているか, 何ができるか
　　（生きて働く「知識・技能」の習得）
　　※職業に関する教科については,「知識・技術」

イ　理解していること・できることをどう使うか（未知の状況にも対応できる「思考力・判断力・表現力等」の育成）

ウ　どのように社会・世界と関わり, よりよい人生を送るか（学びを人生や社会に生かそうとする「学びに向かう力・人間性等」の涵養）

平成30年改訂「高等学校学習指導要領」より

詳しくは, 文部科学省Webページ「学習指導要領のくわしい内容」をご覧ください。
(http://www.mext.go.jp/a_menu/shotou/new-cs/1383986.htm)

学習指導要領解説

学習指導要領解説とは,大綱的な基準である学習指導要領の記述の意味や解釈などの詳細について説明するために,文部科学省が作成したものです。

■学習指導要領解説の構成
〈高等学校 国語編の例〉

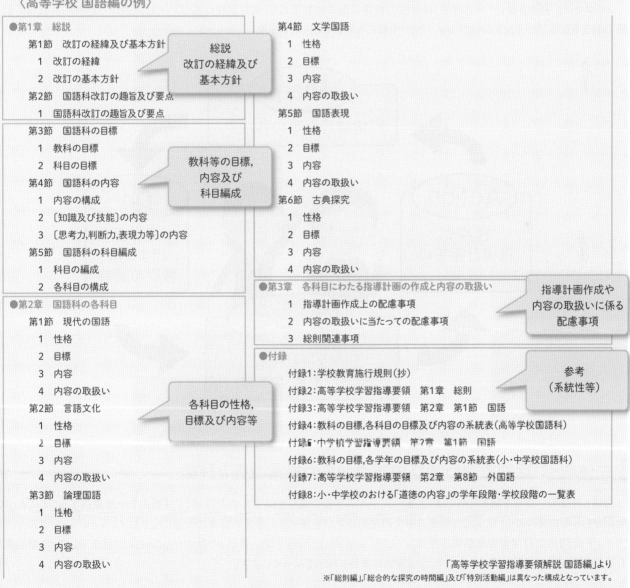

- ●第1章 総説
  - 第1節 改訂の経緯及び基本方針
    - 1 改訂の経緯
    - 2 改訂の基本方針 ──〔総説 改訂の経緯及び基本方針〕
  - 第2節 国語科改訂の趣旨及び要点
    - 1 国語科改訂の趣旨及び要点
  - 第3節 国語科の目標
    - 1 教科の目標
    - 2 科目の目標 ──〔教科等の目標,内容及び科目編成〕
  - 第4節 国語科の内容
    - 1 内容の構成
    - 2 〔知識及び技能〕の内容
    - 3 〔思考力,判断力,表現力等〕の内容
  - 第5節 国語科の科目編成
    - 1 科目の編成
    - 2 各科目の構成
- ●第2章 国語科の各科目
  - 第1節 現代の国語
    - 1 性格
    - 2 目標
    - 3 内容
    - 4 内容の取扱い
  - 第2節 言語文化 ──〔各科目の性格,目標及び内容等〕
    - 1 性格
    - 2 目標
    - 3 内容
    - 4 内容の取扱い
  - 第3節 論理国語
    - 1 性格
    - 2 目標
    - 3 内容
    - 4 内容の取扱い

- 第4節 文学国語
  - 1 性格
  - 2 目標
  - 3 内容
  - 4 内容の取扱い
- 第5節 国語表現
  - 1 性格
  - 2 目標
  - 3 内容
  - 4 内容の取扱い
- 第6節 古典探究
  - 1 性格
  - 2 目標
  - 3 内容
  - 4 内容の取扱い
- ●第3章 各科目にわたる指導計画の作成と内容の取扱い ──〔指導計画作成や内容の取扱いに係る配慮事項〕
  - 1 指導計画作成上の配慮事項
  - 2 内容の取扱いに当たっての配慮事項
  - 3 総則関連事項
- ●付録 ──〔参考（系統性等）〕
  - 付録1:学校教育施行規則(抄)
  - 付録2:高等学校学習指導要領 第1章 総則
  - 付録3:高等学校学習指導要領 第2章 第1節 国語
  - 付録4:教科の目標,各科目の目標及び内容の系統表(高等学校国語科)
  - 付録5:中学校学習指導要領 第2章 第1節 国語
  - 付録6:教科の目標,各学年の目標及び内容の系統表(小・中学校国語科)
  - 付録7:高等学校学習指導要領 第2章 第8節 外国語
  - 付録8:小・中学校のおける「道徳の内容」の学年段階・学校段階の一覧表

「高等学校学習指導要領解説 国語編」より
※「総則編」,「総合的な探究の時間編」及び「特別活動編」は異なった構成となっています。

> 教師は,学習指導要領で定めた資質・能力が,生徒に確実に育成されているかを評価します

学習評価の基本的な考え方

　学習評価は,学校における教育活動に関し,生徒の学習状況を評価するものです。「生徒にどういった力が身に付いたか」という学習の成果を的確に捉え,**教師が指導の改善を図る**とともに,**生徒自身が自らの学習を振り返って次の学習に向かうことができるようにする**ためにも,学習評価の在り方は重要であり,教育課程や学習・指導方法の改善と一貫性のある取組を進めることが求められます。

カリキュラム・マネジメントの一環としての指導と評価

　各学校は,日々の授業の下で生徒の学習状況を評価し,その結果を生徒の学習や教師による指導の改善や学校全体としての教育課程の改善,校務分掌を含めた組織運営等の改善に生かす中で,学校全体として組織的かつ計画的に教育活動の質の向上を図っています。

　このように,「学習指導」と「学習評価」は学校の教育活動の根幹であり,教育課程に基づいて組織的かつ計画的に教育活動の質の向上を図る「カリキュラム・マネジメント」の中核的な役割を担っています。

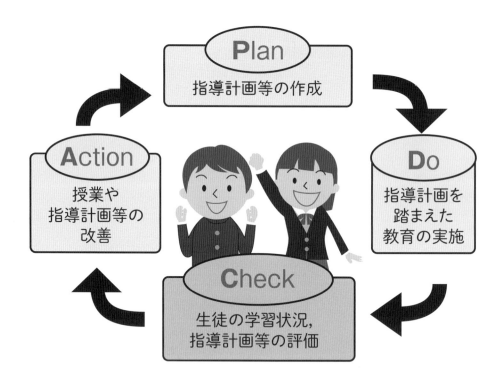

主体的・対話的で深い学びの視点からの授業改善と評価

　指導と評価の一体化を図るためには,生徒一人一人の学習の成立を促すための評価という視点を一層重視することによって,教師が自らの指導のねらいに応じて授業の中での生徒の学びを振り返り,学習や指導の改善に生かしていくというサイクルが大切です。平成30年改訂学習指導要領で重視している「主体的・対話的で深い学び」の視点からの授業改善を通して,各教科等における資質・能力を確実に育成する上で,学習評価は重要な役割を担っています。

> 次の授業では
> ○○を重点的に
> 指導しよう。

> ○○のところは
> もっと〜した方が
> よいですね。

チェック項目（黒板）

- ☑ 教師の指導改善に
  つながるものにしていくこと

- ☑ 生徒の学習改善に
  つながるものにしていくこと

- ☑ これまで慣行として行われてきたことでも，
  必要性・妥当性が認められないものは
  見直していくこと

詳しくは，平成31年3月29日文部科学省初等中等教育局長通知「小学校，中学校，高等学校及び特別支援学校等における児童生徒の学習評価及び指導要録の改善等について（通知）」をご覧ください。
(http://www.mext.go.jp/b_menu/hakusho/nc/1415169.htm)

コラム　　評価に戸惑う生徒の声

「先生によって観点の重みが違うんです。授業態度をとても重視する先生もいるし，テストだけで判断するという先生もいます。そうすると，どう努力していけばよいのか本当に分かりにくいんです。」（中央教育審議会初等中等教育分科会教育課程部会 児童生徒の学習評価に関するワーキンググループ第7回における高等学校3年生の意見より）

あくまでこれは一部の意見ですが，学習評価に対する生徒のこうした意見には，適切な評価を求める切実な思いが込められています。そのような生徒の声に応えるためにも，教師は，生徒への学習状況のフィードバックや，授業改善に生かすという評価の機能を一層充実させる必要があります。教師と生徒が共に納得する学習評価を行うためには，評価規準を適切に設定し，評価の規準や方法について，教師と生徒及び保護者で共通理解を図るガイダンス的な機能と，生徒の自己評価と教師の評価を結び付けていくカウンセリング的な機能を充実させていくことが重要です。

Column

学習評価の基本的な考え方

学習評価の基本構造

平成30年改訂で, 学習指導要領の目標及び内容が資質・能力の三つの柱で再整理されたことを踏まえ, 各教科における観点別学習状況の評価の観点については, 「知識・技能」, 「思考・判断・表現」, 「主体的に学習に取り組む態度」の3観点に整理されています。

「学びに向かう力, 人間性等」には
①「主体的に学習に取り組む態度」として観点別評価（学習状況を分析的に捉える）を通じて見取ることができる部分と,
②観点別評価や評定にはなじまず, こうした評価では示しきれないことから個人内評価を通じて見取る部分があります。

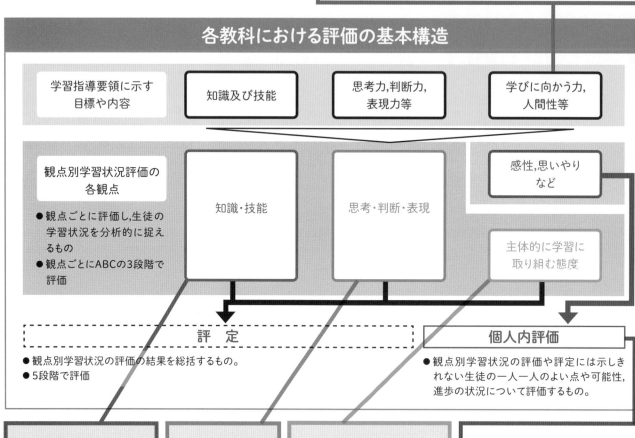

各教科における評価の基本構造

学習指導要領に示す目標や内容	知識及び技能	思考力, 判断力, 表現力等	学びに向かう力, 人間性等

観点別学習状況評価の各観点

- 観点ごとに評価し, 生徒の学習状況を分析的に捉えるもの
- 観点ごとにABCの3段階で評価

知識・技能	思考・判断・表現	感性, 思いやりなど
		主体的に学習に取り組む態度

評定
- 観点別学習状況の評価の結果を総括するもの。
- 5段階で評価

個人内評価
- 観点別学習状況の評価や評定には示しきれない生徒の一人一人のよい点や可能性, 進歩の状況について評価するもの。

各教科等における学習の過程を通した知識及び技能の習得状況について評価を行うとともに, それらを既有の知識及び技能と関連付けたり活用したりする中で, 他の学習や生活の場面でも活用できる程度に概念等を理解したり, 技能を習得したりしているかを評価します。

各教科等の知識及び技能を活用して課題を解決する等のために必要な思考力, 判断力, 表現力等を身に付けているかどうかを評価します。

知識及び技能を獲得したり, 思考力, 判断力, 表現力等を身に付けたりするために, 自らの学習状況を把握し, 学習の進め方について試行錯誤するなど自らの学習を調整しながら, 学ぼうとしているかどうかという意思的な側面を評価します。

個人内評価の対象となるものについては, 生徒が学習したことの意義や価値を実感できるよう, 日々の教育活動等の中で生徒に伝えることが重要です。特に, 「学びに向かう力, 人間性等」のうち「感性や思いやり」など生徒一人一人のよい点や可能性, 進歩の状況などを積極的に評価し生徒に伝えることが重要です。

詳しくは, 平成31年1月21日文部科学省中央教育審議会初等中等教育分科会教育課程部会「児童生徒の学習評価の在り方について（報告）」をご覧ください。
(http://www.mext.go.jp/b_menu/shingi/chukyo/chukyo3/004/gaiyou/1412933.htm)

総合的な探究の時間及び特別活動の評価について

総合的な探究の時間，特別活動についても，学習指導要領等で示したそれぞれの目標や特質に応じ，適切に評価します。

総合的な探究の時間

総合的な探究の時間の評価の観点については，学習指導要領に示す「第1目標」を踏まえ，各学校において具体的に定めた目標，内容に基づいて，以下を参考に定めることとしています。

知識・技能	思考・判断・表現	主体的に学習に取り組む態度
探究の過程において，課題の発見と解決に必要な知識及び技能を身に付け，課題に関わる概念を形成し，探究の意義や価値を理解している。	実社会や実生活と自己との関わりから問いを見いだし，自分で課題を立て，情報を集め，整理・分析して，まとめ・表現している。	探究に主体的・協働的に取り組もうとしているとともに，互いのよさを生かしながら，新たな価値を創造し，よりよい社会を実現しようとしている。

この3つの観点に則して生徒の学習状況を見取ります。

特別活動

　従前，高等学校等における特別活動において行った生徒の活動の状況については，主な事実及び所見を文章で記述することとされてきたところ，文章記述を改め，各学校が設定した観点を記入した上で，活動・学校行事ごとに，評価の観点に照らして十分満足できる活動の状況にあると判断される場合に，○印を記入することとしています。

　評価の観点については，特別活動の特質と学校の創意工夫を生かすということから，設置者ではなく，各学校が評価の観点を定めることとしています。その際，学習指導要領等に示す特別活動の目標や学校として重点化した内容を踏まえ，例えば以下のように，具体的に観点を示すことが考えられます。

特別活動の記録						
内容	観点　　　　　　　　　　　学年	1	2	3	4
ホームルーム活動	よりよい生活や社会を構築するための知識・技能	○		○	
生徒会活動	集団や社会の形成者としての思考・判断・表現 主体的に生活や社会，人間関係をよりよく構築しようとする態度		○		
学校行事			○	○	

高等学校生徒指導要録（参考様式）様式2の記入例　（3年生の例）

> 各学校で定めた観点を記入した上で，内容ごとに，十分満足できる状況にあると判断される場合に，○印を記入します。
> ○印をつけた具体的な活動の状況等については，「総合所見及び指導上参考となる諸事項」の欄に簡潔に記述することで，評価の根拠を記録に残すことができます。

　なお，特別活動は，ホームルーム担任以外の教師が指導することも多いことから，評価体制を確立し，共通理解を図って，生徒のよさや可能性を多面的・総合的に評価するとともに，指導の改善に生かすことが求められます。

観点別学習状況の評価について

　観点別学習状況の評価とは，学習指導要領に示す目標に照らして，その実現状況がどのようなものであるかを，観点ごとに評価し，生徒の学習状況を分析的に捉えるものです。

▌「知識・技能」の評価の方法

　　「知識・技能」の評価の考え方は，従前の評価の観点である「知識・理解」，「技能」においても重視してきたところです。具体的な評価方法としては，例えばペーパーテストにおいて，事実的な知識の習得を問う問題と，知識の概念的な理解を問う問題とのバランスに配慮するなどの工夫改善を図る等が考えられます。また，生徒が文章による説明をしたり，各教科等の内容の特質に応じて，観察・実験をしたり，式やグラフで表現したりするなど実際に知識や技能を用いる場面を設けるなど，多様な方法を適切に取り入れていくこと等も考えられます。

▌「思考・判断・表現」の評価の方法

　　「思考・判断・表現」の評価の考え方は，従前の評価の観点である「思考・判断・表現」においても重視してきたところです。具体的な評価方法としては，ペーパーテストのみならず，論述やレポートの作成，発表，グループでの話合い，作品の制作や表現等の多様な活動を取り入れたり，それらを集めたポートフォリオを活用したりするなど評価方法を工夫することが考えられます。

▌「主体的に学習に取り組む態度」の評価の方法

　　具体的な評価方法としては，ノートやレポート等における記述，授業中の発言，教師による行動観察や，生徒による自己評価や相互評価等の状況を教師が評価を行う際に考慮する材料の一つとして用いることなどが考えられます。その際，各教科等の特質に応じて，生徒の発達の段階や一人一人の個性を十分に考慮しながら，「知識・技能」や「思考・判断・表現」の観点の状況を踏まえた上で，評価を行う必要があります。

「主体的に学習に取り組む態度」の評価のイメージ

○「主体的に学習に取り組む態度」の評価については，①知識及び技能を獲得したり，思考力，判断力，表現力等を身に付けたりすることに向けた粘り強い取組を行おうとする側面と，②①の粘り強い取組を行う中で，自らの学習を調整しようとする側面，という二つの側面から評価することが求められる。

○これら①②の姿は実際の教科等の学びの中では別々ではなく相互に関わり合いながら立ち現れるものと考えられる。例えば，自らの学習を全く調整しようとせず粘り強く取り組み続ける姿や，粘り強さが全くない中で自らの学習を調整する姿は一般的ではない。

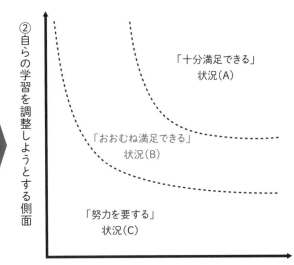

② 自らの学習を調整しようとする側面

「十分満足できる」
状況(A)

「おおむね満足できる」
状況(B)

「努力を要する」
状況(C)

① 粘り強い取組を行おうとする側面

　ここでの評価は，その学習の調整が「適切に行われるか」を必ずしも判断するものではなく，学習の調整が知識及び技能の習得などに結びついていない場合には，教師が学習の進め方を適切に指導することが求められます。

「自らの学習を調整しようとする側面」とは…

　自らの学習状況を把握し，学習の進め方について試行錯誤するなどの意思的な側面のことです。評価に当たっては，生徒が自らの理解の状況を振り返ることができるような発問の工夫をしたり，自らの考えを記述したり話し合ったりする場面，他者との協働を通じて自らの考えを相対化する場面を，単元や題材などの内容のまとまりの中で設けたりするなど，「主体的・対話的で深い学び」の視点からの授業改善を図る中で，適切に評価できるようにしていくことが重要です。

コラム

「主体的に学習に取り組む態度」は，「関心・意欲・態度」と同じ趣旨ですが…
〜こんなことで評価をしていませんでしたか？〜

　平成31年1月21日文部科学省中央教育審議会初等中等教育分科会教育課程部会「児童生徒の学習評価の在り方について（報告）」では，学習評価について指摘されている課題として，「関心・意欲・態度」の観点について「学校や教師の状況によっては，挙手の回数や毎時間ノートを取っているかなど，性格や行動面の傾向が一時的に表出された場面を捉える評価であるような誤解が払拭し切れていない」ということが指摘されました。これを受け，従来から重視されてきた各教科等の学習内容に関心をもつことのみならず，よりよく学ぼうとする意欲をもって学習に取り組む態度を評価するという趣旨が改めて強調されました。

Column

学習評価の充実

学習評価の妥当性, 信頼性を高める工夫の例

- 評価規準や評価方法について,事前に教師同士で検討するなどして明確にすること,評価に関する実践事例を蓄積し共有していくこと,評価結果についての検討を通じて評価に係る教師の力量の向上を図ることなど,学校として組織的かつ計画的に取り組む。
- 学校が生徒や保護者に対し,評価に関する仕組みについて事前に説明したり,評価結果についてより丁寧に説明したりするなど,評価に関する情報をより積極的に提供し生徒や保護者の理解を図る。

評価時期の工夫の例

- 日々の授業の中では生徒の学習状況を把握して指導に生かすことに重点を置きつつ,各教科における「知識・技能」及び「思考・判断・表現」の評価の記録については,原則として単元や題材などのまとまりごとに,それぞれの実現状況が把握できる段階で評価を行う。
- 学習指導要領に定められた各教科等の目標や内容の特質に照らして,複数の単元や題材などにわたって長期的な視点で評価することを可能とする。

学年や学校間の円滑な接続を図る工夫の例

- 「キャリア・パスポート」を活用し,生徒の学びをつなげることができるようにする。
- 入学者選抜の方針や選抜方法の組合せ,調査書の利用方法,学力検査の内容等について見直しを図る。
- 大学入学者選抜において用いられる調査書を見直す際には,観点別学習状況の評価について記載する。
- 大学入学者選抜については,高等学校における指導の在り方の本質的な改善を促し,また,大学教育の質的転換を大きく加速し,高等学校教育・大学教育を通じた改革の好循環をもたらすものとなるような改革を進めることが考えられる。

評価方法の工夫の例

高校生のための学びの基礎診断の認定ツールを活用した例

　高校生のための学びの基礎診断とは，高校段階における生徒の基礎学力の定着度合いを測定する民間の試験等を文部科学省が一定の要件に適合するものとして認定する仕組みで，平成30年度から制度がスタートしています。学習指導要領を踏まえた出題の基本方針に基づく問題設計や，主として思考力・判断力・表現力等を問う問題の出題等が認定基準となっています。受検結果等から，生徒の課題等を把握し，自らの指導や評価の改善につなげることも考えられます。

　詳しくは，文部科学省Webページ「高校生のための学びの基礎診断」をご覧ください。
（http://www.mext.go.jp/a_menu/shotou/kaikaku/1393878.htm）

コラム　　　　評価の方法の共有で働き方改革

　ペーパーテスト等のみにとらわれず，一人一人の学びに着目して評価をすることは，教師の負担が増えることのように感じられるかもしれません。しかし，生徒の学習評価は教育活動の根幹であり，「カリキュラム・マネジメント」の中核的な役割を担っています。その際，助けとなるのは，教師間の協働と共有です。

　評価の方法やそのためのツールについての悩みを一人で抱えることなく，学校全体や他校との連携の中で，計画や評価ツールの作成を分担するなど，これまで以上に協働と共有を進めれば，教師一人当たりの量的・時間的・精神的な負担の軽減につながります。風通しのよい評価体制を教師間で作っていくことで，評価方法の工夫改善と働き方改革にもつながります。

「指導と評価の一体化の取組状況」

A:学習評価を通じて，学習評価のあり方を見直すことや個に応じた指導の充実を図るなど，指導と評価の一体化に学校全体で取り組んでいる。

R:指導と評価の一体化の取組は，教師個人に任されている。

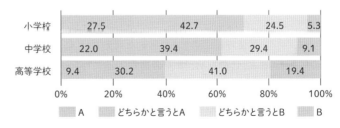

（平成29年度文部科学省委託調査「学習指導と学習評価に対する意識調査」より）

Column

Q&A －先生方の質問にお答えします－

Q1 1回の授業で，3つの観点全てを評価しなければならないのですか。

A. 学習評価については，日々の授業の中で生徒の学習状況を適宜把握して指導の改善に生かすことに重点を置くことが重要です。したがって観点別学習状況の評価の記録に用いる評価については，毎回の授業ではなく原則として単元や題材などの内容や時間のまとまりごとに，それぞれの実現状況を把握できる段階で行うなど，その場面を精選することが重要です。

Q2 「十分満足できる」状況(A)はどのように判断したらよいのですか。

A. 各教科において「十分満足できる」状況(A)と判断するのは，評価規準に照らし，生徒が実現している学習の状況が質的な高まりや深まりをもっていると判断される場合です。「十分満足できる」状況(A)と判断できる生徒の姿は多様に想定されるので，学年会や教科部会等で情報を共有することが重要です。

Q3 高等学校における観点別評価の在り方で、留意すべきことは何ですか?

A. これまでも，高等学校における学習評価では，生徒一人一人に対して観点別評価と生徒へのフィードバックが行われてきましたが，指導要録の参考様式に観点別学習状況の記載欄がなかったこともあり，指導要録に観点別学習状況を記録している高等学校は13.3%にとどまっていました（平成29年度文部科学省委託調査「学習指導と学習評価に対する意識調査」より）。平成31年3月29日文部科学省初等中等教育局長通知「小学校，中学校，高等学校及び特別支援学校等における児童生徒の学習評価及び指導要録の改善等について（通知）」における観点別学習状況の評価に係る説明が充実したことと指導要録の参考様式に記載欄が設けられたことを踏まえ，高等学校では観点別学習状況の評価を更に充実し，その質を高めることが求められます。

Q4 評定以外の学習評価についても保護者の理解を得るにはどのようにすればよいのでしょうか。

A. 保護者説明会等において，学習評価に関する説明を行うことが効果的です。各教科等における成果や課題を明らかにする「観点別学習状況の評価」と，教育課程全体を見渡した学習状況を把握することが可能な「評定」について，それぞれの利点や，上級学校への入学者選抜に係る調査書のねらいや活用状況を明らかにすることは，保護者との共通理解の下で生徒への指導を行っていくことにつながります。

Q5 障害のある生徒の学習評価について、どのようなことに配慮すべきですか。

A. 学習評価に関する基本的な考え方は，障害のある生徒の学習評価についても変わるものではありません。このため，障害のある生徒については，特別支援学校等の助言または援助を活用しつつ，個々の生徒の障害の状態等に応じた指導内容や指導方法の工夫を行い，その評価を適切に行うことが必要です。また，指導要録の通級による指導に関して記載すべき事項が個別の指導計画に記載されている場合には，その写しをもって指導要録への記入に替えることも可能としました。

文部科学省
国立教育政策研究所
National Institute for Educational Policy Research
NIER

令和元年6月
文部科学省　国立教育政策研究所教育課程研究センター
〒100-8951 東京都千代田区霞が関3丁目2番2号　TEL 03-6733-6833（代表）

「指導と評価の一体化」のための
学習評価に関する参考資料
【高等学校 家庭】

令和3年11月12日	初版発行
令和6年2月1日	4版発行

著作権所有	国立教育政策研究所 教育課程研究センター
発 行 者	東京都千代田区神田錦町2丁目9番1号 コンフォール安田ビル2階 株式会社 東洋館出版社 代表者 錦織 圭之介
印 刷 者	大阪市住之江区中加賀屋4丁目2番10号 岩岡印刷株式会社

発 行 所	東京都千代田区神田錦町2丁目9番1号 コンフォール安田ビル2階 株式会社 東洋館出版社 電話 03-6778-4343

ISBN978-4-491-04711-9　　　定価：本体 1,600 円
　　　　　　　　　　　　　　　　　（税込 1,760 円）税 10%